お金のこと、子どもにきちんと教えられますか？

自立できる子が育つ

お金教育

母学アカデミー
河村京子

青春出版社

はじめに…「18歳での自立」を目指した子育て――私の場合

「お風呂掃除をしてくれたら、10円あげる」

こうお子さんに言ったら、幼稚園のお子さんでも喜んで引き受けてくれます。

お母さんはラクできて、子どもには働く楽しさとお金の大切さを教えることができる、とてもいい方法のように思えます。2日目、3日目もやってくれるでしょう。でも、1週間もすると飽きてしまうお子さんが多いのではないでしょうか。

中学生になった子どもに「10円あげるからやって」と言っても、ほとんどの子は、

「いらねーよ」

と言うでしょう。もし、私があなたに、

「我が家のお風呂を掃除してくださったら、10円差し上げます」

と言っても、やってくださる方はいらっしゃらないでしょう（笑）。

子育ては幼稚園や保育園で終わりではありません。子どもが成人するまで続く、長い時間をかけての大事業です。「今だけ」を見て子育てをしていると、後で困ることになることも多いのです。特にお金の教育に関しては、本当に必要になるのは子ども

が成人をして独り立ちをしてからです。その時に困らないための「お金教育」ってどのようなものでしょうか。

この本を手に取ってくださったあなたは、子育て中のお母さんでしょうか。それともお父さんでしょうか。ご自分のお子さんに、いつからいくらのお小遣いをあげたらいいのか迷っていらっしゃるのでしょうか。

はじめまして。自己紹介が遅れましたが、私は母学《ははがく》アカデミー学長の河村京子と申します。子育て中のお母さんに「考える力を持った子どもを育てること」「ブレない母親になるための方法」をお教えしています。私はファイナンシャルプランナーでも会計士でもありません。どちらかというと経済のことには疎《うと》いほうです。それなのになぜ、「子どもへのお金教育」の本を書いたかをまずお伝えします。

子育てをする中で、子どもに教えなければならないことはたくさんあります。挨拶をキチンとすること、家に帰ったら手洗いをすること、学校の宿題をちゃんとすることなど、子育ては毎日「教えること」だらけです。「鉄は熱いうちに打て」と言われますから、しつけはなるべく早いうちから教えようと思っていらっしゃると思います。まだよちよち歩きの子どもの頃から、「こんにちは!」の挨拶を教え、家に帰ったら水道の蛇口に手が届かない我が子を抱きかかえて手を洗わせていますね。

それでは、お金の教育はいつから始めていますか? 幼稚園から? 小学生になってから? いやいや子どもにはまだ早いからお金教育はもっと大きくなってからでいいとお考えですか?「自分もお金のことは習っていないし、よくわからないから何となく怖い」という不安から先延ばしになっていませんか?

日本人はお金に対して「ハシタナイ」「他人には知られたくない」「お金に興味があると思われたくない」という気持ちがとても強いのです。それは親子であっても同じです。だから私たちのほとんどは自分の親からしっかりとした「お金教育」を受けていません。自分が教わっていないことを我が子に教えるのは、とても難しいのです。だから困ってしまうのですね。

でも、自立した子どもを育てるためには、「お金教育」を避けて通ることはできません。子どもが将来自立した大人として生きていくためには、「生活の自立」「精神の自立」と共に、「経済の自立」が絶対に必要だからです。いくら礼儀正しくて学力があって仕事ができて収入がたくさんあっても、浪費癖があったら幸せな人生は送れないでしょう。反対にドケチであっても幸せにはなれません。自立した大人になるためには「経済の自立」は必須条件なのです。そのためのお金教育は、親として子どもに教えなければならない「子育ての必須科目」です。

この本は経済学の立場から書いたものではありません。子どもが将来お金持ちになるための方法を書いたものでもありません。大人になった時に、自立した社会人として「経済の自立」ができるための子育て法を書き記したものです。「子育ての必須科目」のひとつとして、お金教育をお子さんに伝えてあげて欲しいのです。

私には三人の子どもがいます。大学生の息子二人と中学生の娘一人です。私の子育ての目標は「18歳で自立させる」ことでした。その自立の中には「経済の自立」も含まれています。息子たちには高校を卒業して大学生になる時に、「お母さんはこれで子育て卒業だから、これからは一人で生きていきなさい」と宣言しました。だから学費も生活費も仕送りはしていません。娘も数年後には自立していくでしょう。

18歳で経済的にも自立させるために、幼い頃からお金の教育をしてきました。18年間三人の子どもたちと付き合うわけですから、難しい方法や、ややこしい方法では続きません。大雑把でのんびりした私でもできるシンプルで簡単な方法です。最初は肩に力の入ったキッチリとしたお金教育を考えていましたが、そんなことでは続かないとすぐに悟りました（笑）。それでだんだんとシンプルで簡単な方法になってきたのです。この本に書いたのは、誰にでも簡単に肩ひじ張らずにできるとてもシンプルな方法です。

そして今では、この「簡単でシンプルなお金教育」の方法を全国のお母さんたちにお教えしています。実際に家で実践されたお母さんたちは、お子さんのお金への考え方や使い方の変化に驚かれています。そんな200人以上のお母さんたちの報告も交えながらこの本を書き上げました。

この本を読み終わった時に、「今日からやってみよう！」とワクワクしていただけると信じています。読み進めていったら、是非できるところからお子さんに合わせて実践してみてください。将来我が子が、経済的にも精神的にも生活的にも自立した大人に成長した姿を想像しながら――。

母学《ははがく》アカデミー　河村京子

今こそ求められる「お金教育」の巻

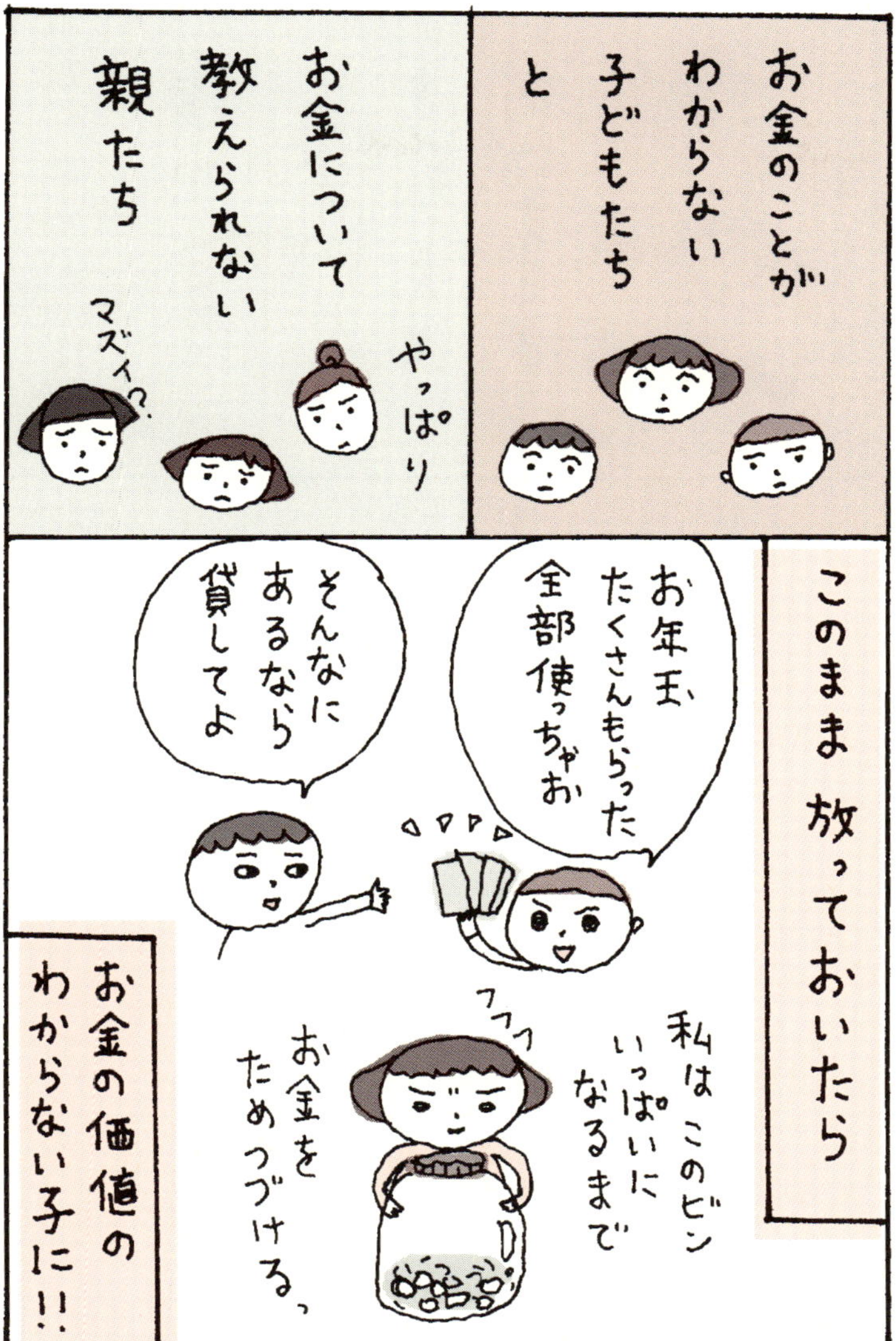

お金のことがわからない子どもたちと
お金について教えられない親たち
やっぱり
マズイ?
このまま放っておいたら
お年玉たくさんもらった全部使っちゃお
そんなにあるなら貸してよ
私はこのビンいっぱいになるまで
お金をためつづけるっ
フフフ
お金の価値のわからない子に!!

そうならないために
親がお金のルールを教えてあげましょう
えー
私たちが?!
ムリ
お金教育を受けた子は
ムダづかいしなくなる
半分貯金しよ
自己管理の力がつく
むやみに借りないよ
「あるもの」でやりくりができるようになる
ビンのお金でノート買おう

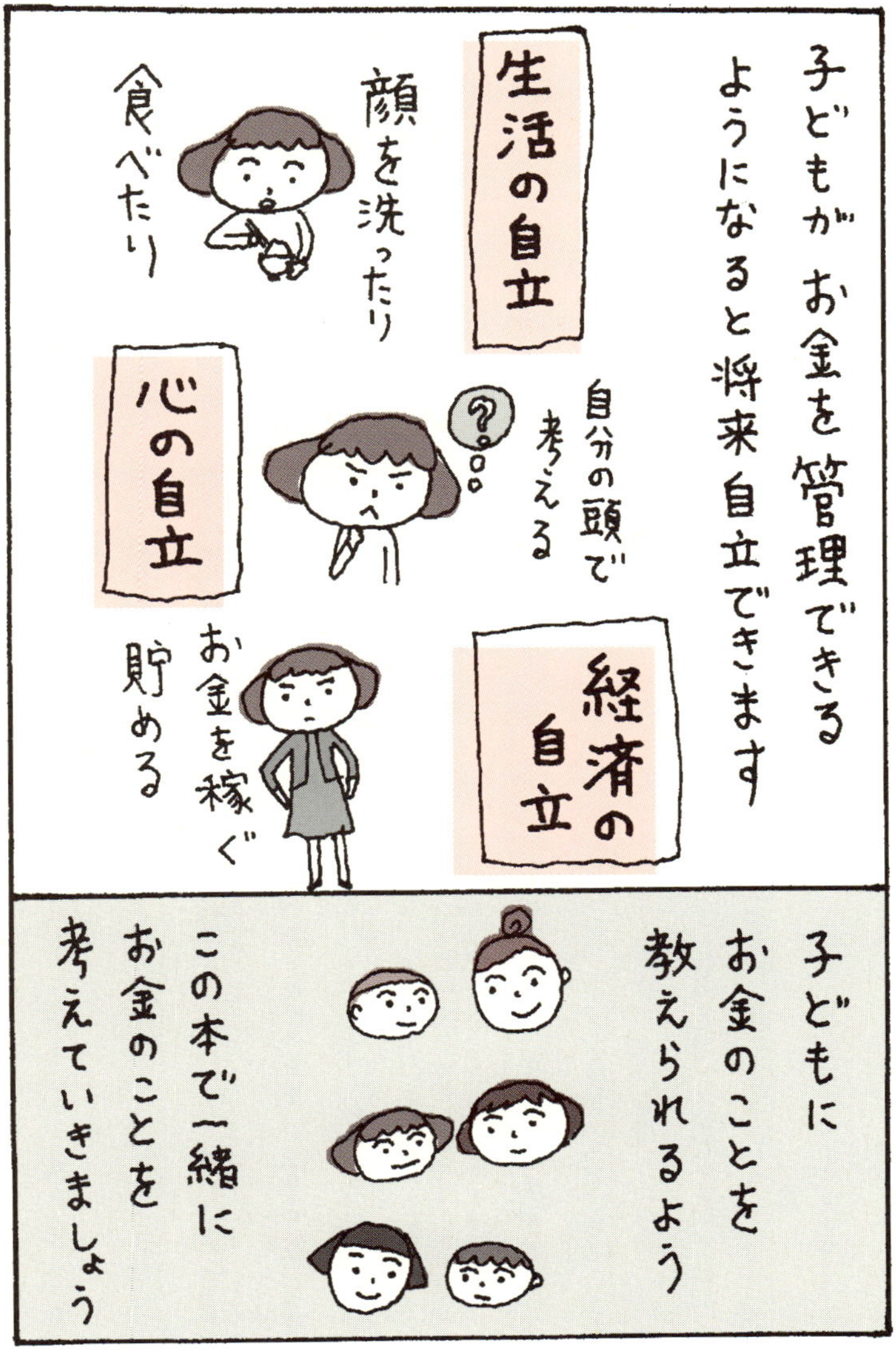
子どもが お金を管理できる
ようになると将来自立できます
生活の自立
顔を洗ったり
食べたり
自分の頭で考える
心の自立
経済の自立
お金を稼ぐ
貯める
子どもに
お金のことを
教えられるよう
この本で一緒に
お金のことを
考えていきましょう

お金教育を実践したお母さんの声

私が全国で開催した「お金教育セミナー」にご参加くださったお母さんの声をご紹介します。

子どもが「誰かの役に立つ」喜びを感じてくれています

（神奈川県Ｓ・Ｋさん　５歳男子）

先日、５歳の息子がふと、「ボク、おしごとだいすき！　だって、みんなが『ありがとう』って言ってくれるから」と言ったんです！「仕事をするのは誰かの役に立つから嬉しい」という「心を育てる」という段階をきちんと踏めていることが実感できて私もとても嬉しかったです。

親である自分の意識も変わりました！

（東京都Ｉ・Ｍさん　３歳男子）

お金教育をしてとてもよかったことは、母親（私）の意識が大きく変わったことです。お金との付き合いは一生を通して大切であるにもかかわらず、私自身お金の教育を受けたことがありません。「家計」という最も身近で小さい単位のやりくりをする母親が、まずは高い意識で家計をやりくりする姿を子どもに見せていくことが何よりのお金教育になると思います。

自分は教えてもらえなかったからこそ、子どもには教えたい

（神奈川県Ｋ・Ａさん　2歳）

私自身、お金について子どもの頃から習ったことがありません。結婚して子どもが生まれてから主人に言われてするようになりました。やはり親がしっかりできていないと子どもに教えることはできませんね。

独身の頃は自分のことしか考えていなかったので、家族ができてお金の管理は大切なことだとわかりました。我が子たちには、しっかりお金教育をして、自立してお金の管理のできる人間になって欲しいです。

お金教育で生活力もつきました

（東京都Ｋ・Ｈさん　6歳男子）

〝お仕事〟をすることで、子どもが意欲的に動くようになりました。宿題、学校の準備、遊びに加え、仕事をすることで、より段取りをする能力がアップしたと思います。家で過ごす短い時間の中で時計を見ながら「今、何をやったらいいか」を考える力もついてきました。お金教育だけではなく、生活力の教育にもなっています。

よく考えてお金を使うようになりました

（大阪府Ｈ・Ａさん　６歳・４歳）

まわりに４歳や６歳でお金をもらっている子はいないので、主人は、

「こんな小さい子どもにお金を与えて大丈夫？」

と不安そうでしたが、実際にお金教育をしていると、毎日がんばってお仕事をしたり、よく考えて欲しいものを購入したりしている姿を見て、今はいい人生経験になっていると思っているようです。私もお金教育をやってよかったとしみじみ感じます。

このように、お金教育は単に「お金の管理」だけを教えるのではなく、働くことの大切さと楽しさ、時間の管理や段取り、生活力や人生経験などさまざまなことを学びます。

将来、経済的にも精神的にも生活的にも自立できるようにお子さんが小さい時からしっかりとお金教育をしてあげましょう。

目次

序章

子どもの金銭感覚が危ない！ ……21
今こそ、お金教育が必要な理由《ワケ》

第1章

「お金にだらしない子」にしてしまう親の習慣

第2章

自立できる子の「稼ぐ力」の育て方

働く意味を伝えたい

第3章

お金を「管理できる力」「上手に使う力」の伸ばし方……129

お金の4つの機能を教えよう

第4章

第5章

お金の流れが見えてくる「お小遣い帳」の魔法

カバー&本文イラスト　細川貂々
本文デザイン　岡崎理恵

序章

子どもの
金銭感覚が危ない！

今こそ、お金教育が必要な理由《ワケ》

お金はATMから出てくるもの？

子育てをする時、親である私たちは「自分が育てられたように子育てをしよう」とまず考えます。子育ての経験はないわけですから、数十年前の自分が育てられた時の経験をもとにするわけです。

お金教育も同じでしょう。自分の親からされたお金教育を我が子に当てはめようとするのは当然といえます。でも、ここ数十年でお金を取り巻く環境は大きく変わりました。あなたが子どもの頃には、ATMはまだ普及していなかったでしょう。切符は現金で買っていましたし、スーパーの買い物も現金で支払うことが普通でした。

つまり、「お金はモノを買う時には絶対に必要な大切なモノ」という感覚が自然に身についていました。そして、「お金がなければ必要なモノ、欲しいモノが買えない」ということも体験として身についています。

それでは、今のお金を取り巻く環境はどうでしょうか？

お給料はＡＴＭで引き出すのが普通ですし、切符もスーパーやコンビニの支払いもカードでする方が多いでしょう。気がついたら「今日は一度も現金を使わなかった」という日もあるのではないでしょうか。つまり**「現代」は、「お金の存在」が表舞台から消えてしまいつつある**のです。

この数十年で、これほどまでに日本人のお金を取り巻く環境は変わってしまいました。それなのに、自分の数十年前の経験でお金教育を子どもにしようとしたら、無理があるのは明らかです。まず、現代っ子のお金感覚をのぞいてみましょう。

事例1 子どもがおもちゃを欲しがったので「お金がないよ」と言ったら、「ＡＴＭから出してくればいいじゃない」と言った。

事例2 銀行のＡＴＭでお金を引き出していたら、「となりのＡＴＭのほうがたくさんお金が出るよ」と子どもが言った。

事例3 我が子はＡＴＭからお金がもらえると思っている。

事例4 街やお店で無料でティッシュや試供品がもらえるので、子どもは商品はタダでもらえると思っている。

これらの事例のお子さんたちは、決して特別な存在ではありません。もしかしたらあなたのお子さんも同じように思っているかもしれません。ぜひ、お子さんのお金感覚を聞いてみてください。そして、お金教育は自分が育った頃の方法は通じないということを心に留めておいてください。

カード払いで失う「お金の価値」感覚

現代は便利な世の中になっていますから、財布を忘れてもカードがあれば事足ります。お店ではクレジットカードや電子マネー、切符は電車用のカード、本は図書カードで買えます。カードを使うほうが現金を持ち歩かないので安全だし、ポイントがつく特典もあります。子どもにも「お金は落とすと危ないので、カードを持たせています」というご家庭もあるでしょう。

でもちょっと立ち止まって考えてみましょう。私たち大人が子どもの頃にはカードはありませんでした。何を買うにしても現金を使っていました。だから、お金の仕組みも流れも自然に身についています。だからこそ、小銭を持ち歩くのは面倒くさいとか、大金を持ち歩くのは危険だということがわかります。カードを使えばこれらの欠点がカバーできるので、とても便利だと感じるわけです。しかし現代の子どもたちは生まれた時からカードを使うのが当たり前で、現金を使うよりカードを使うほうが多いくらいです。もちろん子どもが小さい場合、子ども自身が支払うのではなく、親が使うのを見ているだけですが。

何でもカードをかざすだけで手に入ってしまう世の中で育った子どもは、本当の意味でのお金の価値を理解していないかもしれません。**本当の意味でのお金の価値とは、「同じ価値のものと交換する」ということ**です。価値のあるものにはたくさんのお金を払い、価値の少ないものには少ししかお金を払わないということです。何でもカード1枚で手に入ってしまうと、**「1枚のカードをかざすだけで何でも手に入る」と思ってしまっても仕方がない**のです。

実際に、こんなお子さんたちの声が聞こえてきました。

事例1 欲しいものがあれば、おじいちゃんに頼む。

「おじいちゃん、魔法のカードを出してー」

事例2 お店で商品を買おうかどうか迷っていたら、

「インターネットで買えばいいよ」

事例3 お店屋さんごっこで遊んでいた幼稚園児の会話。
「お店屋さん、これください。支払いはカードでお願いします」

事例4 お店で欲しがるものを「お金がないから買えないよ」と言ったら、
「じゃあ、カードで買えばいいじゃない」

事例5 スーパーのレジでお母さんが電子マネーで支払おうとした時、
「ボクが『チャリン』する！」

事例6 お母さんが電車のカードを忘れて現金で切符を買おうとしたら、
「お母さん、コレ（券売機のこと）は何？　どうして今日はピッしないの？」

こんな子どもの声が普通に聞こえてきます。**カードやインターネットでの買い物が普通になっていて、現金を使うという考えが最初からない**のです。このままお金の概念を理解しないまま大人になっていったら一体どうなってしまうのでしょうか？　考えるのがちょっと怖い気がします。

「お金＝ただの数字」ではありません

あるお母さんが幼稚園に通うお子さんと電車に乗る時に、カードを忘れてしまいました。仕方がないので切符を買ったそうです。その行動を不思議そうに見ていたお子さんが、小さな切符をしげしげと見つめながら

「これ、なあに？　これで電車に乗れるの？」

と聞いたのです。お母さんはびっくり。まさか切符を知らないとは思いもよらなかったのです。その時にお母さんはお金がデジタル時計のように数字化してはいけないと感じたそうです。せめて子どもの前では、切符は現金で買おうと決心したそうですよ。

この切符を見たことのないお子さんもそうですが、**カードで支払う場面が増えたために、「お金の空洞化」が子どもたちの中で起こっている**ように感じます。「お金の空洞化」とは、お金の価値がわからず、ただの数字としか感じられないというこ

とです。もしかしたら、数字としても理解していないお子さんもいるかもしれません。「カード＝なんでも買える」という式が頭の中にできてしまうと、「お金の価値」が理解できないまま大人になってしまうかもしれません。

その他にも「お金の空洞化」についての実話を聞きました。

事例1 子どもはコンビニに寄ると何かをゲットできると思っている。何も買わずに出てくるという意識がない。

事例2 ノートを買いに行く子どもに200円を渡そうとしたら、「何か欲しいものがあるかもしれないから、500円ちょうだい」と言われた。

事例3 子どもに600円のお小遣いをあげる時に、小銭がなかったので千円札を渡して100円玉4枚のお釣りをもらおうとしたら、「100円玉のほうが枚数が多いのでズルい！」と言われた。金額より枚数が多いほうが価値があると思っているようだ。

子どもだけではなく、お母さんの中にも「お金の空洞化」が始まっているようです。ある小児科の先生のお話では、若いお母さんほど平気で子どもに1万円札を持たせ、コンビニで買い物をさせているそうです。

私たち世代のお母さんであれば、子どもに大金を持たせることはしないでしょう。なぜなら、子どもはまだお金の価値がわからず、「大金」もただの紙切れと同じように扱ってしまうことを知っているからです。だから子どもには大金は持たせず、小銭を扱うことからお金の価値を学ばせていたのです。

若いお母さんは、お金の価値が数字でしか理解できていないのかもしれませんね。お金の価値が理解できず、ただの数字となってしまったまま大人になったら、お金の使い方にバランスを欠いてしまうことは、想像に難くありません。

子どもたちには、「お金の価値」をまず理解させてあげることが最重要課題になってきているようです。

「お金があるのが当たり前」の子どもたち

あなたのまわりに、こんな子どもはいないでしょうか？

●おもちゃが壊れたら、「新しいのを買えばいいじゃない」と平気で言う。
●友達と遊んでいて、自販機を見つけた時、「ジュース買ってあげようか。お金がなくなったらまたもらえばいいから」と言う。
●駄菓子屋でお菓子を選んでいる時、「オレが買ってあげるよ、お金はあるから。ね、お母さん！」と言う。
●「お金がなくなったら、おじいちゃんにもらいに行ったらいい」と平気で言う。
●お年玉が、千円や5千円では「えーっ！ 1万円じゃないの？」と言う。

今の子どもたちは生まれた時から豊かでモノがあふれています。食べるものも着るものもゲームもあるのが当たり前で、「苦労して手に入れる」ということを知りません。

一見幸せそうな子どもたちに見えますが、果たして「モノがあふれている」ことが本当に幸せなことでしょうか。

子どもたちは「お金があるのが当たり前」「お金はいつも自分のそばにあるもの」と思い込んでいるようです。

これらは、子どもたちの責任ではありません。「イマドキの子は……」で済まされる話でもありません。**私たち大人がお金の大切さ、お金を得るための苦労などを伝えることをおろそかにした結果**だと思うのです。「お金の話はハシタナイ」「お金の話をするのは恥ずかしい」という感覚が引き起こしたツケがまわってきたのです。

私は何もこの豊かな物質社会を否定しているのではありません。豊かな生活を楽しむためにも「モノを大切にすること」「お金は大切に使わなければならないこと」を子どもに教えることが私たち大人の役目だと思うのです。そうしなければ、子どもたちは将来、お金に振り回されて自分を見失うことになってしまうかもしれません。

家庭で、親が子どもにお金を得る過程や苦労を伝えることはお金教育の第一歩だと思います。健全なお金感覚を持った大人に育てるためにも、ぜひ実践してくださいね。

お金の話はハシタナイ？

日本では、人前でお金の話をするのはハシタナイという風潮があります。家族の中でさえ、親子の間では「我が家の経済」について話し合うことは少ないでしょう。でも、それでは子どもはいつ、経済について学ぶことができるのでしょうか。家の外で「経済学」の勉強はできても、「自分自身や我が家の経済」についてはは学ばないままに社会に出ることになります。

もしあなたのお子さんが、「お金はATMから出てくるもの」という感覚のまま大人になって社会に出て行くとしたらどうなるでしょう。

現代社会では消費の誘惑は非常に多いのです。テレビCMでは魅力的な商品が毎日のように流れ、雑誌でも今年流行の洋服やバッグが掲載されて、それを購入しないと自分が時代に乗り遅れるような錯覚を起こすほどです。街中には楽しい遊び場があふれ、楽しいイベントも盛りだくさんです。そんな誘惑に勝てるはずがありません。そうならないためにも、我が家の経済状態を子どもに説明して理解させ、自分だったらこの収入をどのように使うかをイメージさせてあげることが大切です。

では、いつ頃から教えればいいのでしょうか。小学校に入る前の幼児では、お金の概念がないので理解するのはまだ無理でしょう。小学校低学年の子どもにもし年収を教えたら学校で「ウチの年収は○○万円なんだぞ～」と言いふらしてしまいそうです(笑)。それは、まだ言っていいことと言ってはいけないことの区別がよくわかっていないからです。

私は「我が家の経済」を子どもに正直に伝えるのは、小学校高学年になってからがふさわしいと思っています。実際、我が子たちには小学校高学年の時に我が家の収入やどんな支出をいくらしているのかを教えました。

例えば、もし子どもが中学受験をするとなるとたくさんのお金が必要になります。学費、交通費、塾に通うなら塾代にどれくらいかかっているかがわかると、我が家の収入の中で自分にどれくらいのお金をかけてもらっているかが、はっきりとわかります。そうすれば、いい加減な勉強はできないのではないでしょうか。そうやって、実際に自分にかかったお金について考えることで自分自身のお金感覚を身をもって知ることができます。

我が家では18歳で自立させることを目標に子育てをしましたから、大学生になった息子たちは、経済的にも自立してやりくりをしています。長男も次男も家計簿をつけているとのこと。彼らに言わせると、

「今の自分の経済状況がわからずに暮らすことは怖くてできない。自分の経済状況がわかっているからこそ、自由に遊ぶことができるし、欲しいものを買うか買わないかの選択も自信を持ってできる」

ということです。

どうか、家族の中では「お金の話はハシタナイ」などと思わず、我が家の家計の真実をお子さんに正直に伝えてあげてください。それが将来、子ども自身で自分の経済をやりくりできるようなモデルになるのです。

子どもの世界のお金感覚

今まで、大人の目から子どものお金感覚を見てきましたが、今度は子どもの世界でのお金感覚を見てみましょう。

そもそも、子どもがお金を持つことに大人は違和感を抱くのではないでしょうか？子どもは財布を持たず、喉《のど》が渇《かわ》いたら公園の水道の水を飲み、どこへ行くのも自転車か自分の足を使うというのが普通でした。そんな大人にとっては、イマドキの子どものお金感覚は違和感を覚えるものばかりかもしれません。例えば……

事例1 小学校低学年のうちからお友達と遊びに行く時には必ずサイフを持っている。金額は千円以上！　駄菓子屋やお店でオヤツを買って食べるのが当たり前。

事例2 小学校も高学年になると、お友達と遊ぶ時にお金を持っていないと仲間はずれになってしまう。中には、親の財布から勝手にお金を取ってくる子も。

事例3 自分の物を友達にあげることが優しさだと思っている。大人が注意すると「だって、なくなったらまた買ってもらえばいいから」と言う。

どうやら、小学校に入るくらいから、「お金は持っていて当たり前。持っていないとお友達と一緒に遊ぶことができない」という価値観ができあがっているようです。

もしあなたのお子さんが、こんなお金感覚のお友達に囲まれていたら、どうしますか？　お友達関係を大事にするためにお金を持たせますか？　それとも、

「そんなお友達とは付き合っちゃダメ！」

と言ってしまいそうですか？

ご自分の家庭のお金感覚も大事にしながら、お友達とも仲良くやっていける方法はあるのでしょうか？　無理をすると結局はうまくいきません。自分の家庭もお友達も大切にするしっかりとしたお金感覚をぜひ探してみてくださいね。

モノよりも、お金がイチバン欲しい現代っ子たち

実は、お金をいくら持っていても、お金自体では食べることも遊ぶこともできません。お金を持っているだけでは、楽しくはないのです。お金というのは数字が書いてある紙であったり、硬貨でしかないのです。面白い絵やカラフルな模様があるわけでもありません。ましてや、動いたり踊ったりするものでもありません。

お金の魅力は、好きなものと交換できることです。

本来子どもは、おもちゃやオヤツなど「モノ」に魅力を感じるはずです。しかし現代では、今すぐには欲しいものがなかったり、モノがあふれすぎていて、すぐに選ぶことができなかったりします。アレも欲しい、コレも欲しいというわけです。それで次第に子どもたちも「お金があれば好きなものがいつでも手に入る」ということがわかってきたのでしょう。だからでしょうか、こんな話を聞きました。

事例1　小学1年生の甥っ子に、

「クリスマスプレゼントは何がいいの？」

と聞いたら、

「お金が欲しい！」

と答えました。びっくりして、

「何に使うの？」

と聞くと、

「100円のカードゲームがやりたいから」

と答えたので、不思議な感じがしました。（愛知県H・Tさん）

お正月のお年玉でもこんな話がありました。


事例2　お友達の小学3年生のお子さんにお年玉をあげたら、

「すぐにおもちゃを買いに行く！」

と言われてびっくりしました。貯めるという発想はなく、お金は使うものと認識

しているのだなと実感しました。（愛知県Ｓ・Ｋさん）

そんな「お金がイチバン」の価値観は、小学生だけでなく、もっと小さな子どもにも浸透しています。

事例3 ママ友の２歳のお子さんは、ガチャガチャにハマっているそうです。お母さんは禁止をしても、大騒ぎをするとおばあちゃんが何回でもやらせてくれるのです。その子は「お金がないとガチャガチャができない」ということは理解していて、まだ言葉は使えなくても、ボディランゲージで、

「お金ちょうだい！」

とせがむそうです。（茨城県Ｙ・Ｎさん）

言葉がしゃべれるようになる前にすでに、「ガチャガチャをするためにはお金が必要」ということを理解している幼児。「お金の価値」を知る前に、「お金を使う楽しさ」を知ってしまう子どもが増えているように思います。

事例4 ３歳の息子とお風呂に入った時、

「ママはおちんちんを持ってないから、僕が今度買ってあげるね」

と笑顔で言われました。この子は、お金で何でも買えると思っていることにびっくりして、お金教育をしっかりしていかなくてはと決心しました。（佐賀県K・Yさん　3歳男子）

あなたのお子さんにも、きっと一つや二つは当てはまるのではないかと思います。

数十年前の自分が子どもの頃のお金感覚とは大きく違っていることも理解いただけたと思います。

現代っ子たちには、私たち親世代が受けてきたお金教育の感覚はすでに通じなくなっています。新しい方針と大きな視野を持たなくては、現代っ子たちにお金教育をすることは難しいでしょう。また、子どもにお金教育をするお母さん自身のお金に対する姿勢も考え直す必要があるかもしれません。

次の章からは、「いつから」「どうやって」子どもたちにお金教育をしていけばよいかをお伝えしたいと思います。

子どもの年代別 お金教育のヒント

それでは実際に、何歳になったら何を教えればいいのかを考えてみましょう。大切なのは子どもの年齢に合わせて、わかりやすく説明してあげることです。

3歳までの子ども

お金は大事・大事 期

お金はおもちゃと違って大事なものということを理解させてあげてください。お財布のお金で勝手に遊ばせないようにしましょう。お財布はお父さん・お母さんだけが使えるものと体験することで、「お金の大切さ」を感じることができます。

3歳～6歳の子ども（年少～年長）

お金の価値を知る 期

この年代の子どもは、おもちゃやお菓子など欲しいモノが出てきます。それらを買うためには、お金が必要なことを教えてあげましょう。100円のガチャガチャが、100円の豆腐やリンゴと同じ価値であることを教えると、ガマンすることを覚えるようになるでしょう。スーパーの入口にあるガチャガチャをやりたがる子どもには「このガチャガチャとリンゴが同じ値段だから、デザートがなくなっちゃうよ」などと言ってあげましょう。

6歳～9歳の子ども
（小学校低学年）

お金体験 期

実際に社会の中でお金を使う体験をさせてあげましょう。親のお金を使うよりも、自分のお金を使うほうが、より深い学びがあります。いつまでも親が子どもを管理することはできません。将来、子どもが「お金の自立」をするためには、この頃から「自分のお金を自分で判断して使う」経験が大事です。無駄遣いをしたり、お金を失くしたりすると、親は不安になりますが、手を出さず見守ることが、我が子のためになることを信じましょう。

10歳以降
（小学校高学年以降）

将来を見通すお金管理 期

小学校高学年になると「自分の将来」を考えるようになります。どんな職業につきたいか、どこに住みたいか、などを考える時に実現させるためには「どれくらいお金がかかるか」も教えてあげましょう。そして、我が家のお金には限りがあること、そのお金を有効に使わなくてはならないことを一緒に考えていきましょう。

第1章

「お金にだらしない子」にしてしまう親の習慣

お金の考え方は怖いほど遺伝します

親がやっているように子は育つ

あなたは家計簿をつけていますか？　もし、つけているとしたら、あなたのお母さんもつけていらしたのではないでしょうか。

また、振込みでの支払いの振込用紙が手元に届いた時、すぐに支払いを済ませますか、それとも期限ギリギリに支払いをしますか？

実はそれらのことはあなたのお金感覚と密接な関係があるのかもしれません。

「早く支払ってスッキリとしてしまいたい」という感覚なのか、

「自分のお金はギリギリまで手元に持っておきたい」という感覚なのか、ということです。

こういった自分のお金感覚をご自分の親御さんの感覚と比べてみてください。よく似ていませんか？　毎日の生活習慣でもありますから、子どもの頃からずっと一緒にいる親のお金感覚は子どもに伝わりやすいのです。

これはあるスーパーマーケットで見た光景です。

お母さんと小学生のお子さんがお買い物をしていました。夕方のスーパーでは、お魚やお惣菜に「3割引」「半額」といったシールが貼られることがあります。そういった品はお買い得ですから、買う人は多いでしょう。そのお子さんは、

「お母さん！　あったよ！　コレ買えるよ」

と値引きのシールが貼ってある商品をつぎつぎとお母さんが持っているカゴに入れていきました。

きっとそのお母さんは「値引きシールが貼ってある商品はお買い得」という感覚でいつも値引きシールの貼ってある商品を買われているのでしょう。お子さんにそのお金感覚が伝わっているのです。そして、そのお子さんが将来自分で買い物をする時にもきっと、値引きシールの貼ってある商品を買うことになるでしょう。

ここで言いたいのは、値引きシールがいいとか悪いとかいうことではありません。

そういったお金感覚は親子で遺伝していくということを親が認識しておく必要があるということなのです。

たとえば道にお金が落ちていたとします。あなたはどうしますか？

「ラッキー、いただいておこう」

と当たり前のように拾って自分の財布に入れてしまう人のお子さんは、やっぱり落ちているお金は拾って自分のものにしてしまうでしょう。

「交番に届けよう」

と思うお母さんであれば、お子さんもお金を拾った時には交番に届けるようになるでしょう。1円玉を交番に届けるのは、警察の仕事を煩《わずら》わしてしまうことになるかもしれません。でも、子どもにとってはお金が1円か1万円かという額面の問題ではなく、落としたお金をどうするかというところが大事なのです。

「お金に対して誠実に向き合う」ことを子どものうちに教えてあげることこそ、その子の一生の財産になるでしょう。

私は、お金を拾った時、10円とか１００円の場合には、募金箱に入れていました。財布を拾った時には、そのまま交番に届けることにしています。子どもたちはそれを見ていますので、きっと同じ行動をとってくれると思っています。

子どもたちは、いろいろな場所で学びます。

幼稚園・保育園を卒園すれば、学校で学びます。また、塾で学ぶ子どもも多いでしょう。算数の授業では数字や計算も学びます。

でも、**お金についての根本的な感覚のほとんどは、家庭で身につけていく**のです。

そして、家庭で身につけたお金感覚は、その後一生にわたり、その子の生活や行動を支配していくことになります。そう考えると、家庭でのお金の教育や両親のお金に対する感覚がどれほど大切か、おわかりいただけると思います。

大人になってから「お金の生活習慣病」にならないために

現代ではお金がないと生活することができません。私たちは生まれた時から（あるいは生まれる前から）お金と共に生きているのです。ずっと一緒に生活をしています。しかし、人によってその量も使い方も違います。

私はお金とは血液のようなものだと思っています。人間の体で血液は重要な役割を果たしています。血液がなければ体中に酸素や栄養を運べません。でも普段はあまりにも当たり前のことなので意識もしませんよね。でも、血液に問題があると、健康に生活をすることができなくなってしまいます。

40歳を過ぎると自分の健康に気を配るようになる人が増えるようです。健康診断で「血圧が高い」とか「コレステロール値が高い」とか言われると慌てて食生活を見直したり、運動を始めたりします。では40歳を過ぎたらいきなり、血液に異常が出始めるのでしょうか？　答えはＮＯですね。常日頃からの食習慣や生活習慣で、血液の健康状態が作られます。「生活習慣病」と言われる所以《ゆえん》です。つまり、幼い頃から食習慣に気をつけ、正しい生活習慣を身につけておけば、大人になってからもずっと健康でいられるのです。

その点ではお金も血液と同じだと思います。幼い時からお金教育をして、正しいお金の使い方と稼ぎ方を教えれば、子どもには正しい「お金の生活習慣」が身につきます。そうすれば大人になってからも「お金の生活習慣病」にならずに、健全な生活が送れるのです。

しかしながら、親自身にその意識がなければ子どもに教えることはできません。特にお金に関しては、私たちの親世代（おじいちゃん・おばあちゃん世代）も「ハシタナイ」という感覚があるので私たちに正しく伝えていません。だから自分のお金の感覚が絶対的に正しいと自信を持って言える親は少ないのです。そうすると子どもに正しく伝える自信がなく迷ってしまうのです。

「いつからお小遣いを与えたらいいの？」「それとも無駄なお金は与えないほうがい

いの？」という基本的なことですら、不安で判断できない親御さんが多いのが現実です。

実際の血液の健康に関しては、国や都道府県や市町村が啓発活動をしていますので、学ぶ機会があります。健康診断でのチェック機能もあります。しかし、お金の教育に関しては、個人的なことであり、各個人に任されています。だから余計に不安になるのです。子どもへのお金教育に関しては、親御さん自身が自分で学ぶしか方法はありません。

あなたのお子さんが一生、お金に関して健康な生活が送れるよう、「健康なお金の生活習慣」を身に付けさせてあげましょう。

「お金は労働の対価」だと子どもの時から教える理由

大人の世界では、「タダでお金がもらえる」ということはほとんどありません。あるとしたら、宝くじで当選することくらいでしょうか。その宝くじでさえ、最初に買わなくては当たることは決してありません。

大人の世界でのお金とは「労働の対価」です。「働かざるもの食うべからず」という言葉があるように、働いた結果、報酬としてお金をもらうのです。

しかし、子どもの世界では**「お小遣い」という「タダでお金がもらえる」制度**があります。もし子どもがこのお小遣い制で育ったとしたら、いつ「お金は労働の対価」だと学ぶのでしょうか？　働き始めてからでしょうか？

「タダでお金をもらう」という感覚が子どもの時に身についてしまうと、「お金は労働の対価」という感覚にチェンジするのは相当苦労します。働き始めて、お給料の少なさに唖然《あぜん》とした方も多いでしょう。

だからこそ、子どもの時から「お金は労働の対価」だと子どもに教えていくべきだと思うのです。しかし、子どもの仕事といえば、家事ということになります。

「家族のために家事をするのに、お金を払うなんてケシカラン」と考える方もあるでしょう。家族は愛情で結びついているのに、そこにお金を介入させることに抵抗があるということです。

たとえば、お父さんが会社で働き、お母さんは専業主婦で家を切り盛りしている家庭で考えてみましょう。

お母さんは家事をして家族が快適に暮らせるように毎日働いています。しかし、「収入」はありません。このお母さんが家事をすることは、経済的には意味がないことでしょうか？　私はそうは思いません。お母さんが家庭を支え、お父さんをサポートすることで、間接的に「お父さんの収入」を得ているわけです。ある試算では、主婦の家事労働は年収にすると250～500万円と言われています。それだけの価値があるということです。もし子どもが仕事として家事をして、それにお給料を払うということが「ケシカラン」ことであるというならば、それは主婦の家事労働を否定することになるのではないでしょうか？

これからの時代は、家事も仕事としてきちんと評価をしていくことが大切です。そして、子どもにも快適に暮らすための家事を意味のある仕事として教えていくことが、将来にわたっての幸せであると考えるべきではないでしょうか？

お金教育を実践しているお母さんの報告です。

ご飯を食べる前にはお父さんがいない時でも、

「お父さん、働いてくれてありがとうございます」

と言います。また、子どもがご飯作りを手伝った時には、

「お母さん、○くん（子どもの名前）、作ってくれてありがとうございます」

と言ってから食べ始めることにしています。子どもはとても嬉しそうにしています。（東京都Ｍ・Ｍさん　４歳男子）

ご飯を食べる前に家族みんなが自分の働いたことに対して感謝の言葉をかけてくれることで、この子は、仕事をして家族の役に立つことの満足感を得ているのです。そして、お父さんが働いてくれたことでご飯が食べられるということを理解するのです。つまり、ご飯を食べるお金は労働の対価だということを知り、自分がお手伝いをして労働に貢献したということも満足感と共に感じるのです。

子どもが小さい時から、お金は労働の対価だと身をもって学んでいると、大人になって自立して自分が働いて報酬を得るということが、当たり前のこととして認識できるでしょう。そして、家族の中の小さなお給料ではなく、社会の中で大きな報酬を得ることに希望を持つことができます。そうやって社会に出ていく子どもはきっと、働くことが楽しみであり満足であることでしょう。

「働く」が先か、「使う」が先か？

「ニワトリが先か卵が先か」という問題には誰も上手に答えられません。本当にどっちが先かを考え始めると頭が混乱しそうです。それでは、お金の教育で「働く」と「使う」はどちらが先でしょうか？

大人であれば答えは簡単です。「働く」のが先で「使う」のは後ですよね。働いて報酬をもらってから、そのお金で必要なものを買ったり娯楽に使ったりします。

それでは、子どもの場合はどうでしょうか？　生まれたばかりの赤ちゃんは当然働くことはできません。でも、使うことは必要です。おもちゃを買ったりミルクやオムツを買ったり、着る物も買わなければなりません。少し大きくなってもオヤツや幼稚園の学費や習い事の月謝は買わ（払わ）なくてはなりません。働くことはできないのに、使うことは必要である、というところが子どものお金教育に関しては問題なのです。子どもは「使うこと」に慣れてしまうと、その感覚が当たり前になってしまいます。

ここで「働くこと」を生産、「使うこと」を消費と考えてみます。生産と消費はどちらが子どもにとってラクでしょうか？　消費ですね。お金を出せば自分の欲しいものが手に入るということは子どもだけではなく大人でも快感です。お母さんもショッピングで流行の洋服を買った時にはワクワクする気持ちを感じると思います。「消費の快感」はお金さえ出せば苦労せずに簡単に手に入れられます。それでは「生産」で快感は得られるのでしょうか？

生産でも達成感という快楽を得ることはできます。

たとえば、積み木遊びで高い塔を作っていたとします。積み木は高く積むと崩れてしまいますから、なかなか高い塔を作ることはできません。何度も失敗を繰り返してやっと自分のイメージする高い塔ができたときの達成感を想像してみてください！

「ヤッター！」

という感覚ですね。こういった「生産の快感」は味わうまでに苦労やストレスがつきものです。それらを乗り越えた時に大きな快感を味わえるのです。でも、ラクに手に入れることができる消費の快感を先に味わってしまうと、生産の快感を得るための努力をすることが面倒になってしまいます。

昔は電車の駅には階段しかありませんでしたから、階段を上るのが普通でした。階段を上るのは体を使いますから「生産」の活動です。最近はどの駅にもエスカレーターやエレベーターがありますからそれらに乗る方が多いでしょう。エスカレーターやエレベーターは電気で動きますから、自分が体を動かす必要はありません。消費の活動です。一旦エスカレーターに乗ることが日常になると、もう階段を使う気にはならないでしょう。それと同じことなのです。

だから**子どもにお金教育を始める前に、まず「生産の楽しさ」を味わわせてあげましょう**。そのためには「消費の楽しさ」をなるべく少なくすることが必要になります。

毎日食べるオヤツを手作りにするとか、家族揃って出かける旅行をキャンプにしてみるとかです。また、車や電車で行っているお買い物や習い事は、もし歩ける距離であれば親子で歩いてみるのも立派な「生産」です。

これは子どもにとっても親にとっても苦痛を伴うことかもしれません。

それでも、なるべく子どもが幼いうちに「生産生活」にするほうが、結局後でラクをすることができるのです。

「お金教育」はもちろんですが、「自立した生活をする」ことや「精神的に自立をする」ことでも「生産の楽しさ」を知ることがカギを握ることになります。また、小学校に入ったらすべての子どもは「勉強」を始めます。中学、高校、人によっては大学まで続く「勉強」はまさしく「生産」の作業です。勉強ができる子どもになるかどうかも、「生産の楽しさ」を知っているかどうかにかかっているのです。

お金は留《とど》めるものではなく、循環させるもの

日本人の家庭では「無駄遣いをしない」「貯金をする」ということをお金教育として教えることが圧倒的に多いと思います。子どもの頃、お父さんやお母さんから、「無駄遣いをしてはいけません」「もらったお金は貯金しなさい」と言われた記憶がある方も多いでしょう。でも、無駄遣いをせず貯めるだけで本当にいいのでしょうか？

そもそも無駄遣いとは何でしょうか？

自分が欲しいモノを買った時、「無駄遣い」とは思いません。でも、親や他人から見て役に立たないモノは「無駄遣い」と言われてしまいます。また買った後で時間が経ってから自分で「無駄遣いだった」と気づく場合もあります。

サラサラの血液が体中を循環するからこそ健康でいられるように、お金も滞るより、循環してこそ、健全なお金生活といえるのではないでしょうか？

大人の生活でも、お金をケチケチと節約して貯め込むばかりでは幸せな生活は送れません。

自分のお金を、たとえば資格取得のための勉強に投資して資格を取ったら、仕事に活かせるかもしれません。そうすればお給料も上がるでしょう。異業種交流会やパーティに出席して新しい出会いがあれば、そこから豊かな人脈が広がるかもしれません。また、お花を買って家を飾ることで家族の心が癒され、お花の値段以上の価値を感じることもあるでしょう。こういうお金の使い方こそ、お金を循環させて豊かになるということなのです。

そんな練習をするのが子ども時代のお小遣いです。自分のお金をすべて貯め込んでしまうのではなく、**上手に使うことで循環させて豊かな生活をする**ことを教えてあげましょう。

学習机を飾る小さなお人形を買うのは無駄遣いでしょうか？　一見無駄遣いにも思

えます。でも、学習机にお人形を飾ったら、子どものテンションが上がって勉強する気持ちが湧いたとしたら、それは決して無駄遣いではありません。そんな風に一見無駄に思えても、実は実りが多いお金の使い方があるということを教えてあげましょう。

もちろん、失敗することもあるでしょう。机にお人形を飾ってみたけれど、それが気になって勉強に集中できないこともあるかもしれません。でもそれは失敗ではなく、経験です。たくさんの経験を積むことで子どもは学んでいます。大人になった時に、大きな無駄遣いという失敗をしないためにも、子ども時代には小さな失敗をたくさんさせてあげましょう。

また、社会全体のお金の流れを子どもに説明してあげることも大切です。それは口で説明するだけではなく、実際のお買い物の時に説明すると子どもも理解しやすいと思います。

あるお母さんはこんな風にお子さんに説明しているそうですよ。

（本屋さんで本を買った時）本を買うと本屋さんはお金をもらえて喜ぶ
←本屋さんが貯まったお金で飛行機に乗る
←パパの会社が儲かる（パパは航空会社にお勤め）
←パパがお給料をもらえる
←家族がご飯を食べることができる
（福岡県Ｍ・Ｓさん）

こんな風に身近な生活の中でのお金の流れを説明してあげましょう。そうすると子どもは、自分だけのお金の収支ではなく、社会の中での自分のお金の流れを理解することができるでしょう。

浪費はダメ、ケチもダメ。バランスのとれたお金感覚を養おう

お金を循環させるために子どもにお金を使わせる経験をさせましょうと書きました。だからといって、自分が持っているお金をジャンジャン使わせるのは良くないですよね。いくら流行《はや》っているからといっても、メダルやカードを買うことで自分のお小遣いを使い果たしてしまったら、それは無駄遣いになります。

浪費はダメ、ケチもダメ、つまりバランスの取れたお金の使い方を教えることが大事なのです。そのためにはどうしたらいいのでしょうか。そんな具体的な方法を私たちは学んでいないので、子どもへのお金教育で困ってしまうのです。

詳しい方法は後ほどご説明しますが、大きく考えると次の4つのステップを教えてあげればいいのです。

仕事をする↓お金を得る↓お金を割り振る↓お金を使う

この4つのステップを子どもがお金を初めて手にした時に教えてあげれば、素直に従うでしょう。そうすれば、大人になってもそのステップでお金の管理をすることができるのです。この中で**特に親が教えてあげなければならないのが「お金を割り振る」ステップ**です。

もらったお金を全部使うのではなく、全部貯めるのでもなく、「使うお金」と「貯めるお金」に分けるのです。

つまり、「今すぐ使ってもいいお金」と「少し先に使うお金」、そして「ずっと将来に使うためのお金」という風に、もらった時にすぐ分けてしまうのです。

ここが、浪費になるかケチになるか、健全なお金の使い方ができるかの分かれ目です。自分のお金を「使うお金」と「貯めるお金」に分けるのは子どもには難しい作業です。ここでバランスを取ることを教えてあげれば、浪費でもなく、ケチでもない、バランスの取れたお金の使い方ができるようになるでしょう。

お金教育は、考える頭を育てること

なぜ子どもにお金の教育をしなければならないかを考えてみましょう。

たとえば、子どもが「ロボットのおもちゃが欲しい！」と思ったとします。それは3千円もします。今の自分のお小遣いではとても買えません。それでも欲しいと思ったら、それが「目標」になります。

そんな時にはまず「いつまでにいくら必要か」を考えることから始めます。今の自分の貯金が千円だから、あと2千円必要です。そんな「戦略」を立てます。

それから、どのように貯めるかを考えます。「毎月200円ずつ貯めたら10か月。400円ずつ貯めたら5か月で貯まるから、5か月がんばろう」こんな風に「段取り」を決めます。

その後は、それをやり抜くのです。お菓子やマンガ本が欲しくなることもあるでしょう。でもその誘惑を断ち切る心の強さも必要です。

この思考の仕方は、お金の管理だけではなく、勉強にも使えます。「将来お医者さんになりたい」という目標を立て、「そのために必要な勉強はコレとコレ」という戦略を立て、「そのために今は、ドリルを1日3ページずつやろう」という段取りをして、テレビや遊びの誘惑に勝ってやり抜く必要があります。他にも、自分の夢の実現や時間の使い方にも同じことが言えます。

お金があればあっただけ使ってしまう子は、勉強も気分によってやったりやらなかったり、時間もダラダラと過ごしがちになるでしょう。

逆に、お金の管理ができる子どもは、勉強も必然的にできるようになるし、夢の自己実現も叶えるまでがんばるでしょう。また、時間の使い方も自然に上手にできる子どもになるのです。そんな風に考えると、子どもに対する**お金教育は、お金だけではない子どもの思考力にも重要な意味を持ってくる**のです。

また、「お金の管理」とはまさしく「数字の管理」でもあります。実際に自分が持っているお金を数字として把握しなくてはならないのです。千円札2枚、100玉3枚、10円玉5枚という「お札と硬貨」を2350という数字に置き換える作業を頭の中で一瞬のうちにしなくてはなりません。ある時は具体物（現金）を抽象物（数字）に変換し、またある時はその逆の変換をするという訓練を重ねることは、結局、学力に直結します。

子どもへのお金教育は、お金管理だけにとどまらず、脳を鍛え、考える頭を育てるためにも非常に優れた方法だと確信しています。

親の意識をチェック！

お金に対してどんなイメージを持っていますか？

それでは、お金って何でしょうか？

ただの紙切れやただのメダルではありませんね。私はお金には感情があると思っています。お金自身に感情があるのではなく、私たちの感情が乗り移っているイメージをしてみてください。親戚の子どもが小学校や中学校に入学した時には、入学祝としてお金を熨斗袋に包んでお渡しします。それは、「おめでとう」という気持ちをお金に乗せてお渡ししているのです。結婚やお葬式の時も同じです。嬉しい気持ちや悲しい気持ちをお金に託してお渡しするのです。

だから、お金とは私たちの感情に常に寄り添ってくれている親友のようなものです。たとえば買い物をした時に、お店の人がおつりを間違えて10円少なかったとします。無性に腹立たしくなりませんか？　それは10円の価値のあるなしではなく、自分の親友であるお金をいい加減に扱われたというイラ立たしさなのです。また、街頭の募金箱に10円を入れた時の誇らしさを思い出してください。10円玉が自分の手元からなくなるということは同じですが、自分の感情には大きな違いがありますね。

つまり、お金とはそれほど感情に訴えるものなのです。

私たちはお金に対して人それぞれのイメージを持っていますが、そのほとんどは、親のお金に対するイメージを引き継いでいるのです。子どもにとって親は絶対の存在ですから、子どもの時に刷り込まれた親のお金に対するイメージを大人になっても無意識に持ち続けてしまいます（でも、表面上はそんな意識もなく生活しています）。

ここではまず、あなたの持っているお金に対するイメージをチェックしてみましょう。案外自分では気づかなかったお金のイメージを発見するかもしれません。子どもに正しいお金のイメージを持ってもらうためにはまず、お母さんお父さんが自分のお金に対するイメージを知ることが大切です。一旦持ってしまったお金のイメージを変えることは難しいかもしれませんが、子どもに正しいイメージを持たせるために気をつけることはできます。ぜひ、チェックしてみてくださいね。

お金に対する
イメージ
チェックシート

まず、左のページの質問に答えてください。あまり深く考えず、直感で答えてくださいね。

次に、自分が「はい」と答えた質問の右側のアルファベットに○をつけてください。○のついたA～Eのアルファベットの数を数えてみましょう。A～Eのうち、数が一番多いものがあなたのお金タイプです。同じ数のものがあれば、それらの混合タイプということになります。

宝くじを年に３回以上買う	A
結婚記念日には必ずプレゼントが欲しい	C
自分の老後の生活資金のことが気になる	B
子どもに 「○○しないとオヤツを買ってあげないよ」とよく言う	D
自分の夢のほとんどは、お金があったら叶うと思う	A
宝くじで大金が当たると人生は狂ってしまうと思う	E
テレビや雑誌の占いは必ずチェックする	A
子どもの誕生日は、なるべく盛大に祝いたい	C
所詮人間は、大金を積まれると 心が動いてしまうと思っている	E
今楽しむよりも、将来楽しむために節約するべきだと思う	B
プレゼントをもらうより、あげるほうが心地いい	D
自分の結婚式は、 誰よりも豪華で盛大なものにしたかった（した）	C
通帳の残高が少なくなると、とても不安になる	B
お財布には最低限のお金しか入れないようにしている	E
子どもの運動会やマラソン大会で「○位以内に入ったら ご褒美を買ってあげる」と約束したことがある	D

あなたの金銭感覚をチェック！

一番多かったのはA～Eのどれですか？　同じ数のものがあれば、それらのタイプが同居しています。

A お金で夢を買うタイプ

B お金があれば自由になれるタイプ

C お金で愛情を買うタイプ

D お金は権力の道具タイプ

E お金は悪魔タイプ

私のタイプは

です！

それでは、それぞれのタイプについて詳しくみていきましょう。

A お金で夢を買うタイプ

自分の夢のほとんどはお金さえあれば叶うと思っているタイプです。

逆の言い方をすれば、このタイプの人はお金で買える夢を見がちです。

「お金があれば○○ができる」

「お金さえあれば△△ができたのに」

と自分の夢を叶えるためには、絶対にお金が必要だと思っていますね。確かに当たっていることもあるでしょう。でも、その考えを前面に出して子育てをすると、

「お金さえあればボク（ワタシ）は幸せになれる」

とお子さんも思ってしまうかも。そのまま大人になると、

「お金がないから自分は幸せになれない」

と思い込んでしまうかもしれません。そうならないためには、「夢のために行動を起こす」ことを意識しましょう。

「家族で海外旅行をするために貯金を始める」とか、

「お金をかけずに健康で暮らすためにジョギングを始める」とか、自分の具体的な行動を子どもに見せてあげましょう。そんな前向きな行動がお子さんに伝わったら、「夢のために自ら行動する」ことを理解するでしょう。

B お金があれば自由になれるタイプ

「今私が自由になれないのは、お金が原因」と考えるタイプです。結婚や出産で仕事を辞めたから自由がなくなったと思っていませんか？　そして、いつかは自分の収入で自由を謳歌《おうか》したいとも……。

家計簿をつけていて、出費が多い月は胃が痛くなったり、自分のやりたいことにお金を使うと罪悪感を覚えたりしているかもしれません。専業主婦に多いタイプです。ないもの・足りないところに目を向けると、そのことばかりを考えてしまうことになります。そしてお母さんの考えは自然と伝わりますから、お子さんはもしかしたら「お金を使うのは悪いコト」と思ってしまうかもしれません。

「お金を使うのは悪いコト」と思い込んで成長すると、大人になってからも思い切ってお金を使えなくなります。人生の中で思い切ってお金を使わなければならないことも何度かあるでしょう。その時に思い切れなければ、大きなチャンスを逃してしまうかもしれません。

お子さんがそうならないためにはまず、お母さん自身が「やりたいことをやるために、どうすればいいか？」を考えてみましょう。たとえば、素敵なアクセサリーが欲しいと思ったら、自分でビーズ細工を勉強して作ってみるとか、ダイエットのためにジム通いをする代わりに朝、ジョギングをしてみるとか。そこから、ビーズ作家への道が開けるかもしれませんし、マラソンが新しい趣味になるかもしれませんよ。

Ｃ　お金で愛情を買うタイプ

Ｃが多かったあなたは「お金で愛情を買うタイプ」です。何だかイヤな感じがするかもしれません。でも、

「愛があればお金なんていらない！」

と聞くと、

「そんなことない！　愛を食べては生きていけません」

と冷静に言ってしまうのではありませんか？　また、結婚記念日だけではなく、誕生日やクリスマスにも記念に残るものが欲しいと思ってしまうのも、このタイプです。

当然、我が子のお誕生日やクリスマスも盛大に祝ってあげたいと思うでしょう。もちろん、心を込めて我が子の記念日を祝うのはよいことです。でも、記念に残るプレゼントが毎回豪華なものだとしたら、子どもはそれが当然と思ってしまいます。そのまま大人になっていくと、記念日ごとに盛大なお祝いをするのが当然になるかもしれません。身の丈に合ったお祝いの仕方を子どもの時から考えてあげましょう。

Ⓓ お金は権力の道具タイプ

「まさか！　私はこのタイプではないハズ」と思っている方が大半だと思います。でも、親であれば誰だってこの「権力」を使ったことがあるのです。

「言うことを聞くいい子だったら、お菓子を買ってあげる」

「ちゃんと言うことを聞かないと、おもちゃは買ってあげないよ」

こんなことをお子さんに言ったこと、きっと一度や二度はあるでしょう。大人は持っていて、子どもが持っていないものが「お金」です。そして、今の世の中は、お金がないと生きていけないのです。だから、子どもは大人（親）が持っているお金がないと生きられないということになります。だからこそ、お金は権力になり得るのです。

子どもは自分ではお金の問題はどうしようもないことを知っています。だからこそ親からのお金の権力には敏感です。そして、

「○○しないと、△△を買わないよ」

と言われる度に、「お金は権力の道具」ということを身をもって学びます。そのまま大人になると、今度は自分が「権力の道具」を使うことを覚えるでしょう。「お金にモノを言わせる」大人にはなって欲しくはないですよね。自分がこのタイプと思ったら、今日から子どもをお金やモノで釣ることはしない努力が必要です。

E お金は悪魔タイプ

「宝くじで高額な賞金が当たったら、人間が変わってしまった」

「親の遺産が入ったら、豪邸を建てて外車に乗って遊び回るようになった」

こんな人が身の回りにいると、お金の怖さがわかりますね。そして、

「余分なお金を持つと、ロクなことがないから、お金には近づかないようにしよう」

と決心するのです。ご自分の親からそう言い聞かされて育った方もいるでしょう。

お金を悪魔と思ってしまうと、自分からお金に近づくことができなくなります。子どもにもつい、「お金を持つと無駄遣いをするから貯金しなさい」「無駄なお金を持つと悪い人が近寄って来るから気をつけなさい」と言ってしまいます。

そう言われて育った子どもは、お金に罪悪感を持ってしまいます。お金を稼ぐことにも一生懸命になれず、お金を使うことも躊躇《ちゅうちょ》するような大人になるかもしれません。

このタイプのお母さんは「お金は友達」「お金と仲良く付き合おう」という意識を持ち、特に「お金は留まるものではなく、循環するもの」と子どもに伝えることが大事です。

第2章

自立できる子の「稼ぐ力」の育て方

働く意味を伝えたい

子育ての目標は「子どもの自立」

子どもが生まれた日に、子育ては始まります。お母さんにとってはそこから休むことも逃げ出すことも許されない「子育て」の日々が始まるのです。泣く、グズる、困らせる子どもとずっと付き合っていると、イヤになる時もあるでしょう。目の前にいる我が子だけを見ているとウンザリすることも多いと思います。

人間は目の前にあるものだけを見ていると、目標を見失ってしまいます。歩きながらスマートフォンに夢中になっていると、向こうから歩いてくる人にも、目の前にある電柱にも気づかずにぶつかって怪我をします。同じように目の前にいる我が子だけを見ていると、思うようにならないストレスにイライラしたり怒ってしまったりするでしょう。そうならないためにも、「子育ての目標」を決めることが大切です。

私は子どもが生まれた時に、「子どもが18歳になったら子育てを卒業する」という目標を立てました。子育てを卒業するためには、その時までに子どもを自立させなければなりません。**自分のことが自分でできるようになる「生活の自立」、自分一人で自分の人生を判断できる「精神的な自立」、そして収入を得て上手に管理することのできる「経済的な自立」。**子どもが18歳になった時にどれか一つが欠けていても自立できません。つまり、母親は子育てを卒業することができないのです。

「自立した子どもに育てたい」とすべての親が思っているにもかかわらず、自立できない若者が多いのが現状です。それは、親の中に「子どもは何もできない存在」という思い込みがあることが大きな原因かもしれません。子どもは何もできないと思い込んでいると、ついアレコレと口を出し、手を出して手伝ってあげてしまいます。親にやってもらうと子どもはラクですから、自分からやるようにはなりません。そうすると親はいつまでも子どもの手伝いをしてあげなければならなくなります。これでは、「自立した子ども」からどんどんかけ離れていってしまいます。

それでも「生活の自立」は、目に見えることですから、親として気をつけて子育てをされていると思います。でも、「精神的な自立」についてはどうでしょうか？

子どもが親を頼って、

「お母さん、これはどうしたらいいの？」

と聞いてくることはよくあります。

そんな時にはアドバイスをするのが親の役目とばかりに懇切丁寧に教えてあげるのがいいお母さんでしょうか。失敗をしたらかわいそうという親心が働きますから、ついアレコレ口出しをしてしまいがちです。そうすると子どもは自分で考えて判断するということをだんだんしなくなります。お母さんの言う通りにしていれば、間違いがないし怒られないからです。最近「指示待ち症候群」と呼ばれる若者が増えたのも、そんな子育てが影響しているのかもしれません。

次に、「経済的な自立」についてはどうでしょうか？

これは、「生活の自立」「精神的な自立」よりももっと深刻な状況ではないかと思います。私たち親自身がお金教育を自分の親から受けていないからです。その上、お金に対して「ハシタナイ」「他人には知られたくない」「お金に興味があると思われたくない」というネガティブな感情を持っていますから、余計にお金教育に対して尻込みしてしまうのです。だからこそ、親として子どもを自立させるために、親自身が「お金教育」について学ばなければならないと私は思います。「自分が学んでいないことは、わからないからできない」という考え方を「自分は今までできなかったけれど、今から学べばできる」という風に親自身が変えてしまいましょう。

私自身、親からお金について教えてもらったことはほとんどありません。高校生までは必要なものは買ってもらい、お小遣いをもらっていました。

「お小遣いが少ない！　値上げして！」

と度々《たびたび》親に文句を言っていました。大学生になっても仕送りをしてもらうのが当たり前と思って過ごしてきました。

初めて一人暮らしをした時、仕送りをしてもらったお金を3日余りで使い果たしてしまい、家賃を払えなくて慌てたことを思い出します（笑）。お金はいくらでも銀行から引き出せると思っていたのです。2か月目からはそれに懲りて、家賃は先に封筒に入れて取っておくことにしましたが、それでも次の仕送りまでまだ何日もあるのに、財布の中には数百円しかないということが度々でした。

私自身にそんな情けない体験がありますから、子育ての時には「経済的に自立した子ども」を育てることを目標としました。そして、その方法を勉強し、我が子たちに実践してきました。

結果として大学生の息子二人は、完全とは言えませんが経済的にも自立して生活をしています。中学生の娘もまだお小遣いの範囲ですが、自分で計画的に使うことを意識しています。

今子育て中のあなたにはぜひ「生活の自立」「精神的な自立」「経済的な自立」を目標に子育てをして欲しいのです。どうぞ18歳で自立して生活する我が子を夢見て子育てをしてくださいね。

3歳からは「役に立つ喜び」を感じさせる

将来子どもが自立した大人になるためには、「稼ぐ力」が絶対に必要です。「経済的な自立」をしていないと、いくら生活力があっても精神的に強くても、自立した大人とは言えません。

赤ちゃんは、与えられるばかりの存在です。おっぱいやミルクを与えられ、離乳食を与えられ、おもちゃを与えられます。でも、少し成長すると与えられるばかりではなく、与えることもできるようになります。「お手伝い」です。お母さんが、

「アレを取ってきて」

とお願いすると、よちよち歩きで取ってきてくれます。

「ありがとう！　ママ大助かりよ」

と褒めてあげると、本当に嬉しそうです。そうやって人のために働くことは楽しい

という経験をするのです。

そしてもう少し大きくなって幼児期になると、お手伝いをした時に、お父さんやおばあちゃんから「お駄賃」としてご褒美をもらうこともあるでしょう。クッキーだったり、ミカンだったり。その時に「稼ぐ楽しさ」を初めて体験するのです。一度ご褒美をもらうと、ますます張り切ってお手伝いをするようになります。

「ご褒美欲しさにお手伝いをするのは、本当の意味でのお手伝いではないのでは？ご褒美がないと働かない子どもになりそう」

と心配されるかもしれませんが、大丈夫です。

まずは**お手伝いをさせることで、「労働」の意味を教えましょう**。自分がした労働をお母さんが褒めてくれることが子どもにとってはいちばんのご褒美です。子どもはお母さんが大好きです。お母さんが喜ぶ姿を見るために小さな体でお手伝いをしてくれるのです。だから**「稼ぐ感覚」よりまず先に「役に立つ喜び」を味わわせるのです**。「役に立つ喜び」を何度も繰り返し味わっていると、そのうちお手伝いをすることが習慣になります。

たとえば小さな子どもは歯みがきが嫌いですが、お母さんが毎日根気よく歯みがきを教えることで習慣になります。そして大人になると、歯みがきをしないと気持ち悪いと感じるまでになります。それと同じことなのです。

お手伝いをすることが習慣になると、「労働するのは当たり前」という考えが身につきます。子どもが身をもって「労働の楽しさ」を体験することは、親が口で、

「大人になったら働きなさい」

と説明するより何倍も深く理解することになるでしょう。

本格的に「稼ぐ力」を養うのは小学生になってからで十分ですが、小学校に入る前には「労働するのが当たり前」の感覚を身につけさせてあげましょう。

6歳からは「働く」を習慣化する

「労働するのが当たり前」の感覚が身についたら、次は「習慣化」してあげましょう。

「労働するのが当たり前」の習慣が、「稼ぐ力」につながるのです。

小学校にあがるくらいの年齢になると、子どもには「責任感」や「持続する力」がついてきます。だから、気まぐれな「お手伝い」を「習慣化した仕事」に格上げするのです。

「え、でもウチの子は、手伝いをさせても三日坊主で、続きません」

という声をお母さんからたくさんいただきます。

それには二つの理由があります。

まず一つは、**「自分のしたい仕事かどうか」**ということ。大人の場合は、自分で仕事を選ぶことができます。自分の能力や興味の方向と合った仕事を選ぶことができます。自分の能力が活かせて好きな仕事なら楽しく長く続けることができるのです。

でも、お母さんから言いつけられたお手伝いでは、子どもの好き嫌いは無視されます。興味のないことかもしれないし、好きではないことかもしれません。そんな時には長続きはしないでしょう。そうならないためには、子どもにできそうなお手伝いをいくつか選んで、子ども自身に選ばせてあげましょう。

自分で自分の仕事を選ぶと「主体性」と「責任感」を養うことができます。「やらされる」という受け身な感覚ではなく、「自分で選んだ」という前向きな自信が「最後までやり遂げる」責任感につながっていくのです。

だから、自分で選んだ仕事なら、責任をもって続けられるのです。

もう一つは、**「仕事に対する覚悟」**です。

大人の仕事の場合は、最初に契約を結びます。仕事の内容と条件を確認し合ってから契約をします。そうすると、契約を守るために三日坊主ということは起こりません。子どもでも同じなのです。

「ちょっとお手伝いをお願いね」

という軽いノリで頼むと、子どもも軽いノリでやってくれます。そうすると、飽きるのも早いし、三日坊主にもなりやすいのです。

ですから、大人と同じように最初に契約をしましょう。どんな仕事をどんな風にするのかをまず説明してあげましょう。片手間に話をするのではなく、正面から向き合って真剣に話してあげてください。事前に話し合いの時間を予約して、「重大な話」として扱ってください。

たとえば、朝、「今日の夕食後に○○ちゃんとお仕事の大切な話をしたいから、覚えておいてね」と予告しておきます。そして、話し合いの時には、ノートとペンを用意して、仕事の内容など決まったことを書き込んでいきます。大人の仕事での打ち合わせと同じように対等に話し合うことで、子どもも真剣に話を聞いてくれるでしょう。お母さんの真剣な表情から、子どもは仕事に対する責任感を感じ取るでしょう。

こんなことができるようになるのは、だいたい6歳くらいから。しっかりしたお子さんなら年長さんでもできるかもしれません。反対に、7歳~8歳にならないとできないお子さんもいるでしょう。お母さんがお子さんを見て判断してあげてください。

自分のやりたいことを活かして効率よく稼ぐ力（＝切り開く力）をつける

仕事をするなら自分にあった仕事のほうが、楽しく効率よくできます。家庭の中には、たくさんの仕事（家事）がありますから、また兄弟がいる場合には、誰がどの仕事をするのか話し合うのがいいでしょう。兄弟だからといって、同じ仕事をしなければならないということはありません。

我が家では、3人の子どもたちに3歳からそれぞれ仕事を与えていました。
自分の年の数だけ仕事をすることになっていましたので、3歳なら3つの仕事、6歳なら6つの仕事、という風に、3人合わせると十数種類の仕事をさせていたことになります。

誰が、どの仕事をするのかは、子どもたちで会議を開いて決めさせていました。

新学期になる時に、まず「我が家の仕事一覧表」を書きます。私があらかじめ書いた紙に、子どもたちが新しい仕事を付け加えていきます。それらの仕事の中から、誰がどの仕事をするのかを話し合うわけです。じゃんけんで勝った順に1つずつ仕事を選びます。

見ていると、「ムズカシイけれどすぐに終わる仕事」を選ぶ子、「時間はかかるけれどカンタンな仕事」を選ぶ子、「やったことが明らかにわかる仕事」「多少手抜きをしてもバレない仕事」など、選ぶ基準が子どもによって違っていておもしろかったです。「難しくて面倒な仕事」は誰がするか決まらなくて、最後にはケンカになったりもしました（笑）。

時には、学期の途中で仕事をトレードしたり、

「今日コレを僕の代わりにやってくれたら、明日は僕が代わりにするから」

と交渉したりしていました。

ただ、がむしゃらに働くのではなく、交渉や話し合いで、いかに自分のやりたい仕事を効率よくこなしていくか、という術を身につけることができるのです。**これは**

コミュニケーション能力を養うためにもとても有効な方法です。

もし、一人っ子で仕事のシェアができない場合には、ぜひお父さんと家庭内の仕事を分け合うということをさせてあげてください。交渉力やコミュニケーション力など人生を切り開く力へとつながっていくでしょう。

稼いだお金を上手に活用する力（＝生き抜く力）をつける

お母さんが子どもへのお金教育をする時に心配になるのは、「自分のお金だからといって、無駄遣いをしてしまうのではないか」ということではないでしょうか？

自分で稼いだお金なら、自分の好きなように使うのは勝手です。でも、買いたいものを何でも買っていたら、いざ必要な時にお金が足りなくなってしまいます。

今までにすでにお小遣い制を導入しているご家庭もあるでしょう。

もらったお小遣いはすぐに使い果たしてしまう、お金がなくなったらお母さんに追加のお小遣いをおねだりする、お母さんからもらえないとお父さんやおばあちゃんにおねだりするという風になっていると、余計に心配になりますね。だから余計なお金をもたせては危ないと考えて、1か月のお小遣いを300円とか500円にして無駄遣いをさせないようにしてしまいます。そうすると子どもは、お小遣いが少ないと文句を言ったり、値上げ交渉をしたりして、親も子どもも余計にストレスがたまります。**ある程度の金額を使うという体験をしないと「お金の使い方」を学ぶことはできません。**子どもの発達段階に合わせたお金を使わせるということが、「お金教育」の中でも重要な役割を持つのです。

詳しくは後ほど説明しますが、親は子どもに自分のお金の配分の仕方を教え、後は子どもに任せるだけで、子どもはしっかりと自分のお金を管理するようになります。自分で働いて得たお金ですから、驚くほど無駄遣いはしません。これは我が子たちにも言えました。また、私がこの「お金教育の方法」をお伝えしたたくさんのお母さんたちが実践する中でも驚きをもってご報告をいただいています。

5年生の息子は、自分が欲しいゲームがあったようです。それを手に入れるために、自分で家庭内の仕事をしてお金を貯める方法を提案してきました。いい機会なのでやらせてみることにしました。皿洗い、風呂洗い、洗濯物入れ、米とぎ、食事の準備など、ことあるごとに仕事をして、見事目標金額を達成しました!（鹿児島県S・

Kさん　11歳男児）

お小遣いとは、「自分は何もしなくても、毎月お金がもらえる」ということです。子どもはお金が天から降ってくると思っているかもしれません（笑）。でも、自分で苦労して働いて稼いだお金は貴重です。決して無駄なものを買おうとはしないでしょう。また、自分の欲しいものだけではなく、必要なものも自分で買わなくてはならないので、財布のお金を使い果たしてしまったら後で困るということも学ぶでしょう。

働いてお金を稼ぐことの苦労やお金の価値を体験することで、無駄遣いはしなくなります。だって、月曜日から金曜日まで毎日トイレ掃除をして得た100円では、缶ジュースも買えないのですから。

お手伝いか？ 仕事か？ で、子どもの意識も変わる

お手伝いと仕事の違いを考えてみましょう。私たち大人は、子どもがするのが「お手伝い」、大人が働くのが「仕事」と思っています。しかし、私はそうは思いません。

お手伝いはボランティアです。無償で奉仕して感謝を受け取るものです。それに対して仕事は義務です。大人になったら仕事をして社会に貢献することが義務になります（専業主婦の方の子育てや家事も、もちろん仕事に入ります）。

もしあなたが今、無職で仕事を探している最中だったとしたら、ボランティアをすることはできますか？ 多くの方は時間的にも精神的にもそんな余裕はないと思います。ボランティアは奉仕ですから、時間と心に余裕がないとできないのです。

子どもでも同じです。時間と心に余裕があればボランティアでお手伝いを喜んでしてくれるでしょう。でも、小学生ともなると忙しいのです。学校の宿題もあるし、塾

や習い事もあるし、テレビを見たりお友達と遊ぶこともあります。時間にも心にも余裕がないのです。そんな状態で喜んでお手伝いすることはなかなか難しいでしょう。

でも、仕事となると義務ですからやらなくてはなりません。

世の中のお父さんやお母さんが、「遊びたいから、もう会社には行かない」「面倒くさいから、もうご飯は作らない」と言い出したら、家族は困りますよね。そんなことを言わないのは、なぜでしょうか？　それは、義務だからです。また、仕事に対しての報酬がもらえるからです。

「お手伝い」と「仕事」の違いを親がしっかりと認識して使い分けることが、この後のお金教育をする時にとても重要になります。

それからもう一つ、大きな違いがあります。子どもの受け止め方です。たとえば同じ「お米をとぐ」という作業でも、「お手伝い」でお願いするのと、「仕事」としてやってもらっているのでは、受け止め方が全く違うのです。

私が全国で開催している「子どもへのお金教育セミナー」を受講したお母さんから

ご報告をいただきました。

息子は5歳（入学前）なので、お金を渡すことはまだしていません。「お手伝い」ではなく「仕事」をして、家族みんなに喜んでもらう、自分は家族の一員なのだということを感じてもらっているところです。

でも、この言い方を変えるだけで、息子はとてもうれしそうなんです！

「手伝って～」と声をかけると、

「え～、やだ～」と言われることも度々あったのですが、

「お仕事だよ～」と声をかけると、

「ハイッ！」と率先してやってくれます。自分が誰かの役に立っていると思えることって、小さな子どもほど必要なのかもしれませんね。（神奈川県S・Kさん　5歳男子）

最初はお手伝いから入りますが、年少さんになる頃から徐々に「仕事」に移行していくことが肝心なのですね。

お手伝い期　3歳からのお仕事

子どもの成長は3年ごとに区切りがあります。

まず3歳までは「愛情育み期」です。親の愛情をたっぷり注いで「人生って楽しい」と自覚させてあげましょう。よちよち歩きになったら、お手伝いもできます。お手伝いをしてお父さんお母さんから褒めてもらうことで、「人の役に立っている！」という達成感を味わわせてあげましょう。お手伝いをしたい時は一生懸命する、したくない時には拒否されるかもしれません。それでいいのです。**子どもの感情を優先させてあげましょう。**

そして3歳になったら、多くのお子さんは幼稚園に入園します。保育園に通っているお子さんもよちよちクラスから年少さんクラスに進級します。年少さんのクラスになると、一歩社会に足を踏み出すことになります。今まで家庭の中や保育士さんから一身に愛情を受けていただけの状態から、社会のルールや役割を果たす立場になるのです。

その後6歳で小学校に入学すると、より「社会性」を求められます。クラスの中で係の仕事をしたり、他の係に従ったりします。そして9歳になると自分と他人との関係を客観的に見られるようになります。そうすると責任感や仕事の意義をはっきりと自覚するようになるでしょう。

そんな子どもの成長の過程で、「3歳」はキーポイントの年齢です。家庭でも「社会性」を身につけさせるために、子どもに「仕事」を与えてあげましょう。前項にも書きましたが、「仕事」と「お手伝い」は違います。お手伝いはボランティアですが、仕事は義務です。自分の感情でやるやらないを決めるのではなく、義務としてやらせるのです。もちろん、3歳の子どもに完璧を求めるのは無理ですから、3歳から6歳になるまでは、準備期間としてお母さんが上手に導きましょう。

では、どんな仕事をいくつやらせたらいいのでしょうか?

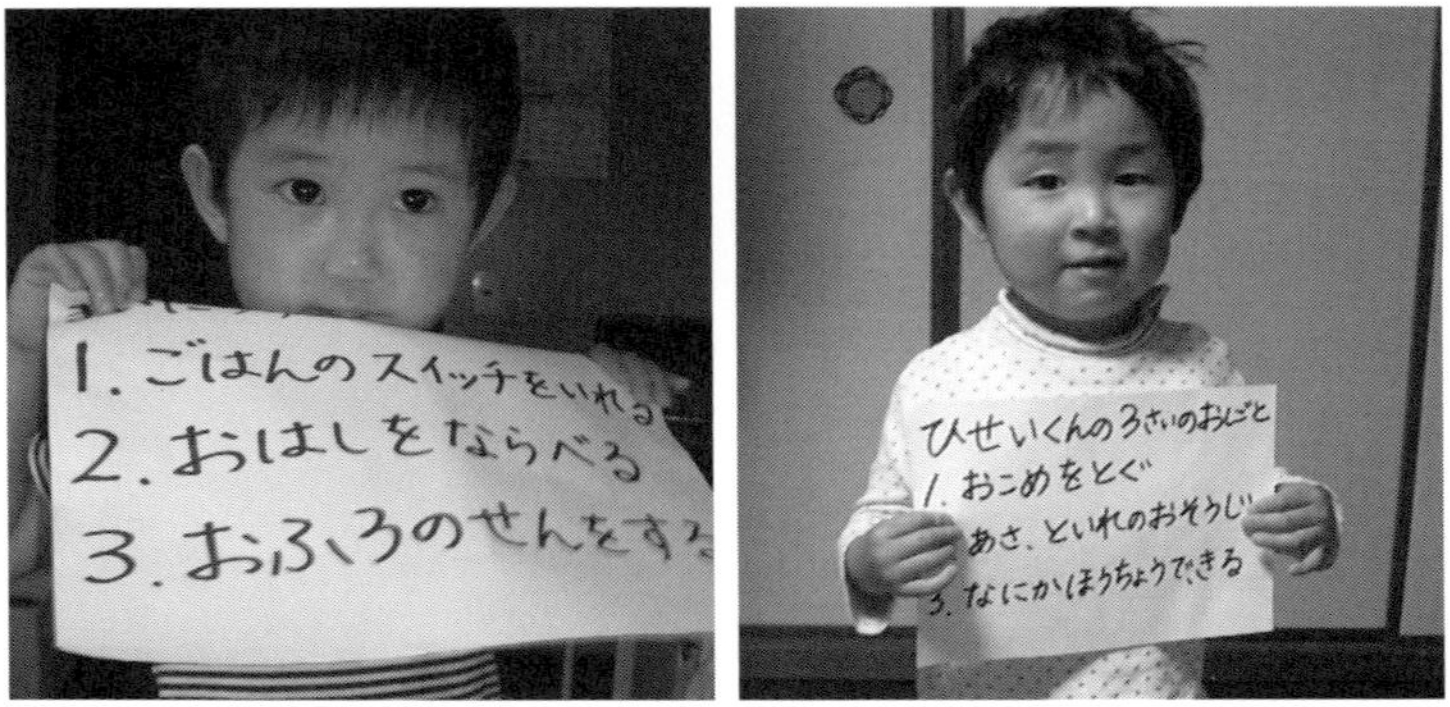

お誕生日に子どもの仕事が決まったら、記念に写真を撮っておきましょう。
こちらはご兄弟で、それぞれ３歳のお誕生日に。
（山口県Ｈ・Ｎさん　３歳男子）

目安としては、「自分の年の数だけ仕事をする」と決めるといいかもしれません。3歳のお誕生日に、

「もう今日からお兄ちゃん（お姉ちゃん）になったから、家族のために大事なお仕事をしてもらいます」

と厳かに威厳を持って伝えましょう。

できれば、お誕生日のパーティが始まる前の儀式として行うといいでしょう。たいていの子どもは「お兄ちゃん（お姉ちゃん）になった」というところで自分自身の成長を確認して満足するでしょう。

そうしたら、実際に3つの仕事のやり

方を教えてあげて、やってもらいましょう。その後にお誕生日パーティをしたら、本人は自分が新しいステージにステップアップしたことを強く自覚することができます。すでにお子さんが3歳を過ぎていても大丈夫です。4歳でも5歳でも大丈夫です。また、お誕生日でなくても、入学式や新学期といった節目の日でもいいでしょう。要は、「厳かな儀式」として演出することで、子どもの中に責任感と自覚を促してあげるのです。そうすれば次の日からは、率先して自分の仕事を成し遂げることができるはずです。

お母さんやお父さんは「家族のために仕事をしてくれる○○君（ちゃん）」を褒める言葉をかけてあげましょう。その時に「仕事をしたからエライ」ではなく、「家族のために仕事をしてくれて、リッパな家族の一員」という子どもの存在を認める言葉をかけてあげてください。「○ちゃんがママのお手伝いをしてくれたから、ママは大助かりよ」とか「○君がトイレの掃除をしてくれたから、トイレがピカピカで気持ちいいね」という風に言うといいでしょう。また、わかりやすく「お仕事チェック表」を作るのもいいと思います。チェック表を見るたびに「自分は家族の役に立っている」

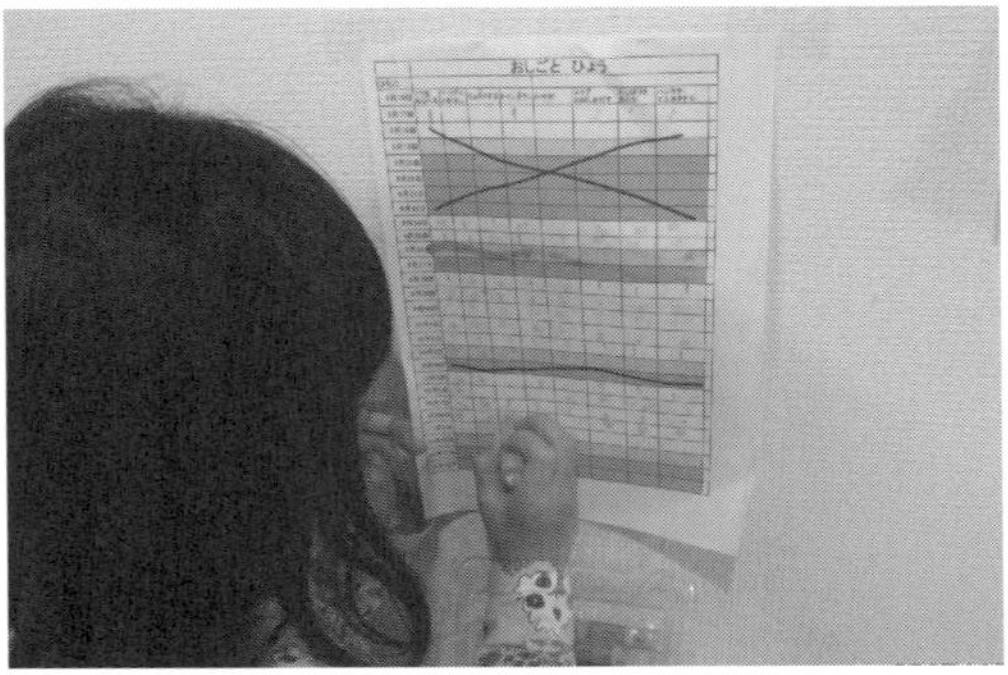

「お仕事チェック表」を作ってシールを貼ったりスタンプを押したりすると励みになります。
（新潟県Ｔ・Ａさん　５歳女子）

ことを確認することができるからです。

ただし、３歳の仕事を始めた段階では、お金をあげる必要はありません。お金のためではなく、家族の役割として仕事をするということをしっかりと身につけさせるためです。３歳から６歳までの間に、「仕事をすることが当たり前」という感覚が子どもに身についたら、その後はずっと当たり前のように仕事をするようになります。それは将来大人になった時に「働くのは当たり前」という、その子のベースになりますから、この時期は大切な土台作りの時期だと考えてください。

子どものお仕事あれこれ

実際に子どもにはどんなお仕事をさせるといいのでしょうか？
「お金教育」を実践しているママたちの実例です。

- お風呂掃除
- トイレ掃除
- カーテンを開ける
- お箸を並べる
- 郵便物を郵便受けから取ってくる
- くつを並べる
- 料理を手伝う
- 洗濯物をたたむ
- お米とぎ
- 食後に食器を下げる
- ベランダ掃除
- テーブルを拭く
- カレンダーをめくる
- 布団を敷く
- モップかけ
- 花の水やり
- 1日に1つ、お母さんに言われたことをする
- 赤ちゃん（弟妹）が泣いたら、よしよしする
- 赤ちゃん（弟妹）のオムツ替えの時、オムツとお尻拭きを持ってくる

子どもが仕事を嫌がったら？

3歳のお誕生日から始めて、張り切って仕事をしていた子どもでも、しばらくするとイヤになったり、飽きたりします。そんな時に親がどう対応するかが、子どもの仕事が続くかどうかの分かれ目になります。

「イヤなら今日はお休みしようね」

と言ってしまったら、味をしめて次の日からもうやらなくなるかもしれません。

「これはあなたの仕事なんだから、絶対にやりなさい！」

と強制したら、仕事をすること自体にマイナスのイメージを持ってしまうかもしれません。大事なのは、仕事を無理にさせることではなく、継続させることです。そこで、親の言葉かけや仕事の工夫をしてみましょう。

お子さんの年齢や個性によっても違いますが、大まかな法則があります。子どもの発達段階に応じてお母さんが対応してあげれば、子どものやる気をスムーズに引き出すことができます。

例えば、仕事の内容によって、対応を変えるのも一つの手です。仕事には

1 本人が好きな仕事
2 面倒な仕事
3 どちらでもない仕事

の3種類があります。最初に仕事を決める時に、この3種類がバランスよく入るようにしてあげましょう。面倒な仕事ばかりではイヤになるし、ラクすぎても仕事の意味がなくなるからです。

あるお母さんは次のように実践をされています。

1 「朝食のヨーグルトをお皿によそう」仕事は本人が好きな仕事なので、やらない日は朝食のヨーグルトは出さないことにしています。

2「トイレ掃除」は子どもが好きではない面倒な仕事です。やりたがらない日は親が働きかけてやらせます。

3「お箸の配膳」はそれほど面倒ではないので、やりたがらないことはないです。

こうやって、仕事によってやらない時の対応を臨機応変にお母さんが変えることがポイントになります。

まだ小さいお子さんなら、お母さんが、

「あなたが自分の仕事をしないと、他の誰かの仕事が増えて、その人が困るのよ」

と話すと自ら動くようになるでしょう。それによって、家族の一員であるという意識も芽生えます。

また、「○○ちゃんがこれをやってくれるから、ママは大助かりよ！」とオーバーに言うと、子どもは大好きなママのためにがんばるかもしれません。それでも嫌がる時には「今、やるのはイヤなのね？　それでは、いつやることにするの？」と逃げ道を提案してあげてください。子どもは「今はやらない」という自分の意見が通ったことに満足するでしょう。そして、気持ちをリセットすることで、新たな気分で仕事をいつまでにするかを自分で決めることができるでしょう。

お子さんが小学校低学年の場合には、ちょっとかわいそうでも自分の仕事は責任をもってやらせましょう。泣いたり、駄々をこねたりするかもしれませんが、一度やらないことを許してしまうと、味をしめてその次もまたその次もやらなくなってしまいます。ある意味子どもとの根比べになってしまいますが、ここがお母さんのがんばりどころだと思います。

そんな時期を過ぎて高学年になってから、

「今日はやりたくない」

と言った時には、じっくり話を聞いてあげましょう。いつもはできる仕事ができないということは、学校でイヤなことがあったのかもしれないし、余りにも疲れすぎてやりたくないのかもしれません。まずは共感してあげることです。

「うんうん、お母さんにもそんな日があるよ。やりたくないのね。それじゃあ、いつするの？」

そう共感してあげれば、心にあるわだかまりを吐き出してくれるかもしれません。

「今日はできないけれど、明日の朝にするよ」

と、本人が決めたのなら、それを認めてあげましょう。きっと次の日の朝は、親から言われなくても自分から埋め合わせをするでしょう。

もちろん、低学年の子どもでもこのような対応をしたほうがいい時もあります。また高学年でもただ怠けたい一心でイヤだということもあります。そのあたりを見抜けるのは、長年付き合ってきたお母さんだけなのです。

子どもに働く辛抱強さをつけさせるのは、こんな緩急のあるお母さんの対応です。決して杓子定規ではいけないのです。そして、子どもに一旦働く辛抱強さが身についたらそれは一生の宝になります。そう思って、お子さんとの根比べをしてくださいね。


小学生になると、生活も忙しくなり、自分自身のやりたいことも出てくるので、お母さんと話すだけでは解決しないことも増えます。そんな時には、考え方を変えて仕事を替えるとか減らすなど、今までの方法を見直すことも必要かもしれません。

お金教育を実践されたお母さんからのご報告です。

トイレ掃除を小学1年生の息子がやらなくなってしまいました。しばらくやらない状態が続いたので、仕事の内容をもう一度話し合って変えることにしました。今度は仕事を毎日する習慣をつけるために、簡単な仕事やもともと習慣化されていたお手伝いを仕事にして、毎日できたという達成感を持たせるように工夫しました。そうすると息子は、嬉しそうでモチベーションも上がり、仕事が続くようになりました。

(埼玉県W・Yさん　6歳男子)

お金教育の中で「仕事」の役割は、「毎日続けて当たり前に仕事をするようになること」です。最初に決めた仕事をずっとやり遂げなくてはならないということはありません。お母さんが「仕事をさせること」だけに頑なになると、子どもは仕事に対して「イヤなこと」というマイナスのイメージを持ってしまいますから、臨機応変に対応することが大切です。

給料期

6歳からはお給料をあげる

もしあなたのお子さんが3歳の時からお仕事を続けていて、「仕事をするのが当たり前」になってきたら、小学校に入る頃から「お給料」をあげることにしましょう。すでにお子さんが小学生になっていても、遅くはありません。3年も修行をする必要はないのです。数か月または数週間でも、仕事をやらせてあげて、続けることが定着したら、お給料制に移って構いません。小学生は幼稚園児や保育園児に比べて、理解力も責任感も発達していますから、

「1か月先からはお給料をあげるよ」

とニンジンをぶら下げてあげたら、張り切ってやるでしょう。もし、仕事をすることが当たり前にならなければ、あと1か月延ばしてみましょう。

そして、**お給料は月給制ではなく、週給制**が適当だと思います。月給制になると

金額も大きく期間も長すぎて、子どもには扱いきれないかもしれません。反対に日給制にすると、お母さんのほうが煩わしくなるでしょう。

我が家の場合、毎週土曜日をお給料日にしていました。週末ということで気分的に余裕があるし、お小遣い帳をつけたり、自分でやった仕事の数を計算したりする時間もあるからです。

それでは、いったいいくらくらいのお給料をあげればいいのでしょうか？

「子どもは無駄遣いをする」という先入観がお母さんにあれば、大金を託すのは躊躇《ちゅうちょ》するでしょう。もし仮に1週間のお給料を100円にしたとします。それでは、1つの仕事の価値が1回5円くらいになってしまいます。もしあなたが、

「5円あげるからウチのトイレ掃除をしてちょうだい」

と言われたとしたら、

「馬鹿にしているの？（怒）」

と怒りさえ湧くレベルですね（笑）。適正なお給料をあげることが、仕事の意欲を保つために必要です。

年の数だけ仕事をするとすれば、6歳では6つの仕事をしているはずです。1つの仕事を月曜日から金曜日までして（5日間）、100円くらいが適当だと思います。6つの仕事をしたら、1週間で600円です。1か月にすると、2400円か3千円になります。小学1年生でこの金額は多すぎると感じられると思います。でも、ある程度のお給料がないと、働く意欲は湧きません。また、後で詳しく説明しますが、このお金は必要な文房具代や将来のためのお金や貯金、寄付などにも分けますから、自分が自由に使えるお金は結局わずかしかないのです。でも、大きなお金を扱うことで、自分は一人前になったという満足感とキチンと管理しなくてはいけないという責任感が芽生えます。こうすることで、お金教育が子どもに根付くのです。

ただし、子どもによって個性がありますから、絶対に週に600円でなければならないということはありません。

お金教育を実践されているあるお母さんの実行例です。

小学校1年生に上がった時に、お給料制をスタートさせました。でも4月は入学したばかりで、新しい生活に慣れるのに精一杯でした。そこで、4月は仕事を4つにして週に400円の給料、5月は5つの仕事で500円、6月から仕事を6つにして600円にしました。段階を踏んだおかげで、学校生活にも順調に慣れ、お給料制もスムーズに取り入れることができました。（東京都K・Hさん　6歳男子）

自分の子にとってベストな方法はお母さんしか見つけられないと言っても過言ではありません。ですから、お子さんをよく観察して、給料制を上手に取り入れるのがいいと思います。子どもが忙しくて仕事をすることが負担であれば、年の数より少ない仕事から始めてもいいでしょう。

給料期

仕事の質を上げる→ボーナス制の導入

小学校1年生からお手伝いを「仕事」として稼ぐことを教えてくると、高学年になる頃にはすっかり習慣になります。そうなると、「仕事はイヤだ」とか「メンドクサイからやりたくない」ということはなくなって、毎日の歯みがきの習慣のように当たり前にできるようになります。

そうなったら、次は「より仕事の質を上げる」ことを意識させてあげましょう。同じトイレ掃除をするにしても、普通にするのと、「トイレをピカピカにしよう！」と気合を入れて掃除するのでは、仕上がりが違うはずです。もし、お母さんが、「今日はトイレがいつもよりピカピカで気持ちいい」

と感じたならば、ぜひ子どもを褒めてあげると共に、ボーナスをあげるのもいいでしょう。

小学校低学年ではまだボーナスの意味がわからないでしょうが、高学年ともなれば、「仕事の質が上がる＝もらえるお金が増える」ということが、理解できるようになります。月曜日から金曜日までトイレ掃除をして100円という約束をしていたら、その週は150円にしてあげましょう。

子どもはその嬉しさと共に、「仕事の質を上げること」が快感として心の奥深くに記憶されます。そうすると仕事を楽しめるようになるのです。仕事の楽しさに気づいた子どもは気持ちが前向きになり、新しい仕事を探したり、仕事の質を上げることに努力したりするようになるでしょう。

これは、将来の仕事のリハーサルにもなります。ただ職場で時間を過ごすだけでお給料をもらうだけの生活をするのか、自分の能力の限界まで仕事の質を上げて前向きに仕事に取り組むのかの分かれ目になるかもしれません。そう思うと、小学校高学年のころの家庭内での仕事は、子どもにとって重要な役割を果たすことになるでしょう。

給料期

仕事をやらない自由と もっと仕事をやる権利

小学生になって、「仕事をするのが当たり前」「仕事をしてお給料をもらうのが当たり前」になってくると、子どもはどんどん自分で考えるようになります。

小学生になると、自分の仕事をやらない自由も選ぶようになります。もちろん、自分のお給料は少なくなるわけですが、それも計算した上での判断です。親は、

「自分の仕事は責任を持ってやりなさい！」

と言いたくなりますが、

「絶対やらなくてはならない仕事」と「ちょっと手を抜いてもいい仕事」の区別ができるようになったということですので、大目に見てあげましょう。

逆に、もっと仕事をするようになることもあります。それは自分に「何か欲しいも

の」ができたという時です。

「あのおもちゃが買いたいけれど、今の自分の貯金では足りない。これから今の仕事を続けても、あと○か月もかかってしまう。そんなに待てない！」

そんな時に、お母さんにねだる、それでもダメならおばあちゃんにねだるというやり方をする子どももいると思います。しかし、「仕事をするのが当たり前」になっていると、自然と「仕事を増やそう」という考え方になります。

もし子どもが、

「もっと仕事を増やして」

と提案してきたら、ぜひやらせてあげてください。

普段から「いつもの仕事」に加えて、**「ボーナスの仕事」**を用意しておくといいかもしれません。

たとえば、不燃ごみを出すとか、庭の草取りをするというような1回きりの仕事がふさわしいと思います。その時に、「1回10円」とか「1回100円」ではもう小学生になっている子どもは動かないと思います。他の仕事とのバランスを取って決めましょう。

私は、子どもにボーナスの仕事として庭の草取りをお願いしていました。時給にすると500円です。大人の時給の半分くらいですが、子どもにとっては大金です。その代わり、仕事の出来上がりの完成度も高いものを求めます。もちろん、やってもらう前にただ500円というだけでなく、「完璧だったら500円、いい加減だったら100円よ。あとは、出来具合を点検してから、最終金額を一緒に決めようね」と約束していました。終わった後、点検をして完成度が低ければ、500円が300円になったり、100円になったりしました。子ども本人と一緒に点検をすると、さすがに草がたくさん残っているのに「500円！」と主張することはできなかったようです。これが出来高制というものかもしれません。

お子さんの性格によっては、日頃から余裕がある時には余分に仕事をしたいというかもしれません。お金教育を実践しているお母さんの話です。

小学1年生の息子は、毎日6つの仕事をしています。でも、余裕がある時やノッ

ている時は、自ら進んでそれ以上の仕事をしてくれます。また、「習い事がある日は、前日や前々日に前倒しでしてもいい？」という要望がありました。これも話し合ってOKを出しました。こうやって余分に仕事をすると、その週のお給料が増えることが理解できているようで、積極的に仕事をしてくれるようになりました。また、私が仕事で遅くなったある日には、夕ご飯が作ってありました（前日のカレーを温めただけでしたが）。

「そろそろお母さんが帰って来る頃かなと思って作ったよ」と自慢げに話す息子を見て、成長したなぁと感激しました。（東京都K・Hさん 6歳男子）

こんな風に「仕事をするのが当たり前」になると、段取り（ご飯を炊いてカレーを温める）や推測（そろそろお母さんが帰ってくる時間だ）ができるようになります。そして、お母さんが仕事で疲れて帰って来た時に、すでに夕ご飯ができているという夢のようなオマケまでついてくることもあるのです（笑）。

給料期　できなくても許す

今まで、前向きな話ばかり書いてきましたが、実際にお金教育を始めると、うまくいくことばかりではありません。子どもが仕事をしない、お金の管理ができない、やる気がないなど、親が理想とする「お金教育」とは程遠い我が子の姿に、落ち込んでしまうかもしれません。仕事を6つすると約束したのに1つもやらない。やるかやらないかで親子でモメてしまう。

「仕事をしなさい」

と言っても、

「後でする」

とはぐらかされてしまう。お小遣い帳をつけても、使ったお金と残金が合わない、などいろいろ問題が出てくると思います。

「こんなにもできないなら、今まで通り子どもにお金を持たせず、親が管理したほうがラクなのでは？」

と思ってしまうかもしれません。親がラクかどうかを考えると、その通りです。しかし、子どもの時に「お金教育」をしなければ、子どもはいつまでも学べません。お金のことが何もわからずに社会人になって、子どもが苦労するほうが何倍も親の心配は増えるのです。今苦労して後でラクになる方法をとるのか、その逆になってしまうのかを考えてみましょう。

子どもは今成長中です。まだまだ未熟な状態です。そんな子どもに理想のお金教育を当てはめようとしても、無理があります。もし、親が躍起になって無理やり子どもに仕事をやらせようとすると、子どもは仕事に対してマイナスのイメージを持ってしまいます。

お母さんが感情的に怒ってしまうと、子どもの心に「仕事はイヤなもの」「お金をもらうのは怖いこと」という感情が芽生えてしまうかもしれません。怒られることを避けるためにウソをつくようになるかもしれません。そうなっては台無しです。だから初めから「うまくいかなくて当たり前」くらいの気持ちで、お金教育をしましょう。実はコレは、お金教育だけではなく、子育て全般に言えることなのです。

お金教育を我が子にしているお母さんの報告です。

子どもは仕事をちょっとしただけでやった気になっています。親としてはつい、自分がするレベルを求めてしまいます。でも、ここは仕事をして、お金が動いて、それをどう管理するかを学ばせることが大事だと思って、仕事のデキには目をつぶることにしています。（奈良県O・Kさん　小学1年生女子）

このお母さんのおっしゃる通りなのです。お金教育とは、お金の流れと管理の仕方を教えることで、一つひとつのことに完璧を求めたら、失敗します。それよりも全体を見ることが大事なのです。でも私たちはどうしても、細かい部分に注目してしまいがちです。だから、完璧を求めないことを意識してみましょう。

お金教育だけではなく、子育て全般において子どものできない部分に注目するよりもできた部分を認めてあげることが子どもの能力を伸ばすことにつながるのです。

「仕事をもっと完璧に仕上げなさい！」

と親が子どもに言うと、子どもは、

「どうせ自分は仕事ができない人間」

ということを心の中に定着させてしまいます。それよりもたとえ仕事が6つのうち3つしかできていなくても、

「今日は仕事が3つもできたね！」

とできた部分を認めてあげたほうがやる気が出ます。

「明日は6つ全部やろう！」

と決心するかもしれません。

そうやってできた部分を認めてあげながら年月をかけると、仕事のデキも、お金の使い方もお小遣い帳のつけ方も成長していくのです。

「自分のコト」は仕事？

小学校に上がり、少しでも自分のトクになることを考える知恵（悪知恵？）も働くようになってくると、こんなことを聞かれることもあります。

たとえば自分の部屋の片付けや、お弁当箱を洗うことをやるように言うと、

「これはいくらもらえるの？」

と聞いてくるようになるかもしれません。そんな時には、

「それは、自分のことだから、仕事にはならないよ」

と説明すると、案外すんなりと納得するものです。そうやって、「仕事」と「自分のこと」の区別をだんだんつけていくのです。子どもが将来、自立するためには、最低限、自分のことを自分でする「生活の自立」が必要です。その上で、「お金の自立」を目指すわけです。建物でいうならば「生活の自立」は基礎の部分。その上に「お金の自立」という建物があるイメージです。そんなことを子どもに説明してあげると、わかりやすいかもしれません。

第3章

お金を「管理できる力」「上手に使う力」の伸ばし方

お金の4つの機能を教えよう

お金は4つに分類して考える

仕事をすることが習慣になって、そろそろお給料制にしても大丈夫だと思えたら、お給料をあげることにしましょう。いよいよ、自分で稼いだお金を自分で使える時がきます。何歳からと断言することはできませんが、だいたい小学校に入学する6歳くらいでしょうか。

それでもまだ、親御さんには不安もあるでしょう。

「今までおばあちゃんにもらったお小遣いを、机の上や棚の上に置きっぱなしにして失くしてしまったこともあったし、第一お財布の中にいくら入っているかも覚えていないのに、ホントに大丈夫かしら?」

「ウチの子、無駄遣いばかりするし、今までより大きなお金をあげたらますます浪費癖がつきそう」

そう心配してしまうのもうなずけます。こういったお母さんの心配は、内容を整理して考えることで、解決できるかもしれません。

お金教育をする時に、注意しなければならないポイントは、「お金の管理」の仕方と「お金の使い方」です。

先にあげた親御さんの心配のうち、前者は「お金管理」の心配、後者は「お金の使い方」の心配です。これらを混同して考えると不安はますます高まりますから、切り分けて一つひとつの解決法を教えてあげればいいのです。

お金の管理をすることは稼いだお金を使うという流れの中で特に大切です。そして、大人でもなかなかできないので教えにくいものでもあるのです。

私はお金を管理する時には4つに分類すればいいと思っています。

まず1つは、「今使うためのお金」です。お財布に入っているお金と言えばわかりやすいでしょうか。

2つ目が「ちょっと先のためのお金」です。貯金箱に入れて貯めておくお金のことです。

3つ目が「将来のためのお金」です。銀行に預けて利子をつけるお金です。
4つ目が「人のためのお金」です。具体的に言えば、寄付をするということです。
子どもがお金の4つの機能を理解して、分けて管理をすることができれば、「お金の使い方」は自然にできるようになります。

「ウチの子は無駄遣いばかりして困る！」

と悩んでいるならば、

「無駄遣いばかりしないで、貯金しなさい（怒）」

と怒るよりも、子どもに4つの機能を教えてあげてください。すると、子どもは自分でお金の管理をし、使い方を考えるようになります。そうすれば、親のストレスも減るし、何よりお子さん自身が将来にわたって自分のお金を管理できるようになるでしょう。

次項からは、お金の4つの機能のそれぞれを詳しく解説していくことにします。

お金の４つの機能

自分が手にしたお金を
「自分でちゃんと管理できる力」を育ててあげましょう。
４つに分けると、わかりやすくお金が管理しやすくなります。

**いま
使うためのお金**

**ちょっと
先のためのお金**

**将来のための
お金**

**人のための
お金（寄付）**

お金の機能その❶「使う」

いわゆる**お小遣いのイメージ**です。お財布にお金を入れて、買いたいものを買うことです。しかし、お小遣いとの違いもあります。それは、「買いたいものだけを買うのではない」ところです。

大人でも買いたいものばかりを買って生活することはできませんね。まず、衣食住に必要なものを買って、余裕があれば外食をしたり遊園地に遊びに行ったりします。つまり、**「必要経費」と「娯楽費」を分けて考える**ということです。子どもへのお金教育でも同じように「必要経費」と「娯楽費」を子ども自身に管理させるようにしましょう。

それでは、子どもの「必要経費」とは何でしょうか？

小学生だったら、鉛筆やノートは定期的に買わなければなりません。そういった文房具は自分で買わせるようにします。

「必要経費」を使って財布のお金が残っていたら、自分の買いたいオヤツやマンガ本を買ってもいいでしょう。

ただ、同じ鉛筆でもノートでも、値段はまちまちです。キャラクターのついた文房具はお値段も高いです。シンプルな柄のノートなら値段も安いでしょう。どちらを選ぶかは子ども自身に決めさせてあげましょう。キャラクターのついたノートや鉛筆のほうがテンションが上がって勉強が楽しくなるのなら、それもアリだと思います。オヤツを買いたいから文房具は安いもので済ませるという考え方もいいでしょう。そういった選択をする中で、子どもは自分自身でお金の使い方と有難さを学ぶのです。

そして、お財布に余裕があれば流行《はや》りのメダルゲームをするのもよし、カードゲームを買うのもよしとしてあげましょう。

お金を分けて管理する方法を覚えたら、「いくらまでなら娯楽に使っても大丈夫」ということが子ども自身でわかるようになります。

ところで、お母さん自身は自分のお小遣いを決めていますか？　家族のための財布と自分のお小遣いのための財布を別にしていますか？　今日の夕食の材料代もママ友とのランチ代もほとんどの方は同じ財布から出しているのではないでしょうか？

子どもに「必要経費」と「娯楽費」を分けて管理するように教育するならば、お母さんもぜひ自分の財布を持ってください。私はママ友とのちょっと豪華なランチの時にはいつも、「2千円のランチを食べている私と同じ時間に、旦那さまは500円の定食を食べている」事実に胸がチクリと痛みます（笑）。

ずっと自分の娯楽用の財布を持ち続けるのは難しいかもしれませんが、一回はやってみる価値はありますよ！

お金の機能その❷「貯める」

これは貯金箱にお金を貯めるイメージです。高額なものを買う時には、お金がたくさん必要です。日常で使っているお財布の中身では買えないようなものを買う時に使います。イザという時に慌てないように、普段から少しずつ貯めていきます。

大人の生活でも同じだと思います。急にエアコンや冷蔵庫が壊れると慌てますね。お金が貯まるまでガマンすることはできません。だから、普段から少しずつ貯めておくことをオススメします。

子どもの場合、欲しいものが見つかれば必死に貯めることもできます。

「○○のおもちゃが欲しいから、今日からたくさん仕事をしてお金を貯める！」

と宣言してがんばるお子さんもいらっしゃるでしょう。それでもいいと思います。

でも、最初から自分が働いて得たお金の一部分を貯金箱に入れることを決めておくと、そこまで苦労しなくても楽々と手に入れることができます。そんな体験を子どもの時から重ねたら、その習慣は大人になってもずっと続くでしょう。

前項の財布の役割とこの項の貯金箱の役割は、子どもが欲しいものを買うためのお金ですから、結局同じなのではないか？　と思われる方もあるでしょう。そうです、結局は同じことかもしれません。でも、**財布と貯金箱を分けておいたほうがいい理由が2つ**あります。1つは財布に大金を入れないようにすること、2つ目は無駄遣いをしない工夫になるということです。

財布に大金が入っていると、落としたり失くしたりした時のダメージが大きくなります。子どもですから置き忘れたり落としたりすることはあるでしょう。もし大金を失くしたら財布を持っていること自体がストレスになるかもしれません。そうならないためにも財布には最低限のお金だけを入れておく癖をつけてあげましょう。

また、もし最初から財布に大金が入っていたらどうでしょうか？　気が大きくなって無駄遣いをしてしまうことが増えるでしょう。そんな事態を避けるためにも、貯金箱に入れるお金と財布に入れるお金は分けておいたほうがいいのです。

もし、財布に100円しかなかったら、自動販売機で130円のジュースを買いたくても買えません。その場合は納得して諦めることができます。でももし500円が入っていたらどうでしょうか。思わず買ってしまうかもしれません。

また、高額のおもちゃを貯金箱のお金で買おうと思ったとします。いくら欲しいものがあっても、貯金箱を開けてお金を取り出すのは心理的なハードルが高いものです。そのハードルを前にして、そのおもちゃが本当に欲しいものかどうか考え直す時間にもなるでしょう。考えてみたらそれほど欲しいものではなかったという結論が出るかもしれません。だから、**貯金箱はなるべく開けにくいタイプにする**といいでしょう。

もう1つ注意しなくてはならないことがあります。貯金箱のお金は、財布のお金が余ったら入れるというものではありません。**最初から貯金箱のお金と財布に入れるお金は別々に振り分けておきます。**

「財布のお金が余ったら、貯金箱に入れよう」

と考えていると、いくら時間が経ってもお金は貯まらないのですよ。大人の家計でも同じことが言えますよね。

お金の機能その❸「殖やす」

お金を殖やすことを考えてお金を管理しているお子さんは少ないでしょう。

将来のために積み立てていくお金のことです。大人だと「財形貯蓄」や「学資保険」などがこれに当たります。**今すぐには使わないけれど、将来のために貯めておくお金**です。

これは、子どもにとってはとてもツライお金管理かもしれません。

「このお金があれば、○○が買えるのに」

と思ってしまうと、「将来のために殖やす」ことの意味が理解できないかもしれません。子どもと大人の違いは、「将来が見通せるかどうか」なのです。大人はもう何十年も生きてきましたから、たくさんの経験をしています。いつ、どんな時にお金が必要になるかもわかっています。だから遠い未来のこともよく見えるのです。

10年後には中学受験をするかもしれないからまとまったお金が必要だとか、15年後には家を新築したいからそれまでに頭金が必要だとか。でも子どもはまだ数年しか人生経験がありません。先のことを見通す力がないので、「将来のために貯金する」という考えが理解できないかもしれません。だからこそ、親のアドバイスが重要になるのです。お金管理をさせるようになった最初から「将来のために貯金する」ことをルールとして決めておくことが必要です。

「将来のために貯金する」なら、手元に置いておくより、銀行など金融機関に預けたほうがいいでしょう。そうすれば子どもも社会との接点ができるし、自分の通帳を持つということで大人の世界に一歩近づいた感じもするでしょう。

ただし、毎週銀行に貯金しに行くことは難しいでしょうから、財布や貯金箱とは別に、箱や封筒を用意しましょう。銀行用の貯金はそこに貯めていきます。そして、ある程度貯まったら半年に一度か一年に一度、子どもと一緒に金融機関に預けに行きましょう。通帳の金額が殖える達成感を味わわせてあげましょう。

家の中では、「将来のための貯金」は親が管理しておいたほうがいいかもしれません。封筒に入ったままの現金には、つい手が出てしまうかもしれませんから(笑)。そして、**いったん通帳に入れたお金は決して途中でおろさないルールを作りましょう。**

「ゲームソフトを買うから通帳のお金をおろさせて」

と子どもが言ってきても、決して許してはいけません。このお金は将来大人になった時のためのものです。そこは親の毅然《きぜん》とした態度が求められます。そして子どもが18歳（20歳でも）になって自立する時に、通帳を渡してあげましょう。子どもが社会に一人旅立つ不安を少しでも和らげてあげることができるでしょう。

ところで、お母さん自身は将来のための積立貯金をしていますか？　積立定期や学資保険などがそれに当たります。もし、まだ始めていないならこの機会に始めてみてはどうでしょうか。毎月一定額を積み立てる楽しさと苦しさを自分自身が経験することで、子どもの気持ちがわかるかもしれませんよ。

お金の機能その❹「寄付」

自分が稼いだお金を自分で使うというのは、当然の権利です。でも、人間は一人では生きられません。みんなで支え合いながら生きています。今、元気な自分や自分の家族も病気になるかもしれません。災害が襲ってくるかもしれません。

日本には寄付の文化が根付いていないと言われています。大きな災害があるとその時にはある程度の寄付が集まりますが、喉元過ぎれば熱さを忘れてしまうものです。

お金の使い方を初めて子どもに教える時から、**「人のためにお金を使う」ことを教えてあげましょう**。自分のお金の一定額を毎週積み立てておきましょう。そうすれば、いつでも寄付をすることができます。

寄付する先はたとえば、学校や幼稚園で募金のお願いがあった時に、貯まった寄付用のお金を持っていくこともできますし、ある金額が貯まったら慈善団体に寄付するという決まりを作ってもいいでしょう。

それと同時に「なぜ、寄付をするのか」を子どもと話し合いましょう。そうすることで、子どもは社会に目を向けるようになるでしょう。世界の遠い国のことに思いをはせることもできるようになります。


寄付を実践しているお母さんからご報告をいただきました。

まずは、自分自身も寄付のためにお金を積み立てているお母さんです。

寄付のために毎月積み立てをしています。子どもたちには、

「今、ウチの家族はパパのお陰でご飯も食べられるし住む家もあるけれど、そうじゃない人もいっぱいいるのよ。その人たちに少しお金を分けてあげようね。みんなが幸せになれたらいいね」

と説明しています。（東京都 I・Mさん）

他にも、お金教育を実践していらっしゃるお母さんの報告です。

最初は、寄付が自分の使えるお金にならないことに抵抗があったようです。でも、世界にはご飯が食べられなかったり、薬がなかったりして生きられない子どもたちがいる話をしました。そうしたら、子どもは寄付用の貯金箱にお金を入れるようになりました。（奈良県O・Kさん　6歳女子）

寄付のお金に関することだけではなく、水や食料に恵まれない子のことも説明しました。また、動物の保護のボランティアに関しても意識が向いたようです。（5歳男子母）

こうやって親子で話し合うことで、子どもは自分だけでは生きられないことを学んでいきます。自分が寄付をすることで社会に役立つことを知れば、子どもの視野も広くなるでしょう。

お金管理の具体的な方法

お子さんがお金の4つの機能を理解できたら、自分でお金の管理をさせてあげましょう。実際にお給料としてお金をあげ始めるのは、子どもが小学校に入学してからがいいと思います。それまでに、自分の年の数だけ「仕事」ができるようになっていることが条件です。実際には「入学式の日」や「お誕生日」など節目の日から始めると子どもも自分が少し大人に近づいたことを実感できてモチベーションも上がるでしょう。

小学校1年生の子どもが1日に6個ずつ、1週間仕事をしたとします。そうすると1週間のお給料が600円です。その600円をすべて財布に入れて使ってしまうのではないことは、もうおわかりですね。

６００円を３つに分けます。２００円ずつです。そしてまずは、通帳用の箱か封筒に２００円を入れます。その次に貯金箱に２００円を入れます。残った２００円のうち50円を寄付用の箱に入れます。最後に残った１５０円を財布に入れます。この１５０円がいわゆるお小遣いです。これで自分の好きなオヤツやシールなどを買うことができます。ただし、ノートや鉛筆などの文房具も買わなくてはなりませんから、

仕事をしてもらったお給料を４つに分けているところ。お給料は分けやすいように小銭であげましょう。

すべて使ってしまったら、自分が困ることになります。この順番が大切なのです。

まず、将来のためのお金を確保する。それから、少し先に必要になるお金を分ける。そして、人のために役立つお金を積み立てる。最後に、今楽しむためのお金を財布に入れる。そんな順番です。

これは、オーバーに言うと、**人生の優先順位**にもつながってきます。今だけを楽しんで先のことを考えない暮らしをするのか、それとも将来のことをしっかり考えて今から準備するのかのどちらを大切にするかという選択です。子どもの頃から将来のことを考えながらお金の管理をすると、自然に「将来の自分」のことを意識することになります。そんな積み重ねが子どもの人生観を作るのです。

では、その週は仕事を怠けてしまって、500円しかお給料がなかったら、どうしたらいいでしょうか。

その時には、通帳に200円、貯金箱に200円、寄付に50円、残った50円がお財布に入ります。仕事を怠けたら、お財布に入るお金がダイレクトに減りますから、子どもはショックを受けます。もし、お給料が400円しかなかったら、通帳に200

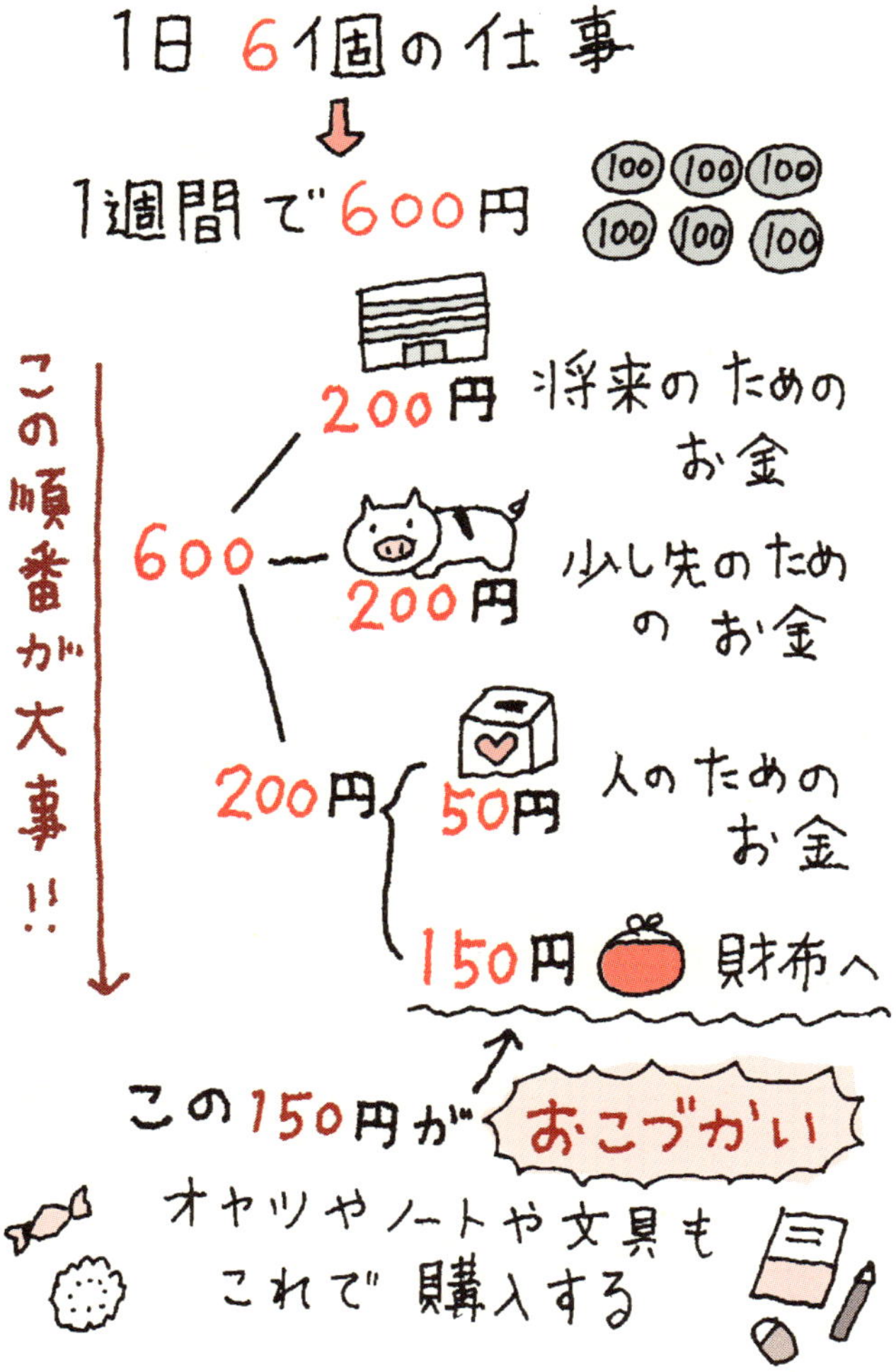
1日 6個の仕事
1週間で600円
100 100 100
100 100 100
この順番が大事!!
600
200円 将来のためのお金
200円 少し先のためのお金
200円
50円 人のためのお金
150円 財布へ
この150円がおこづかい
オヤツやノートや文具もこれで購入する

円、貯金箱に200円入れただけで終わってしまいます。子どもにとっては働いた意味がないことになります。

実際に私もそのように3人の子どもたちにお金教育をしてきて、毎週キチンと600円お給料をあげられた週は数えるほどしかない子どももいます（笑）。子どもたちは仕事の厳しさを身をもって知ったと思います。

4つの機能へ配分する金額は同じでなければならないということはありません。3分の1ずつにしなければならないこともありません。ここではわかりやすいように200円ずつにしましたが、実際にはお子さんとよく話し合って決めるのがいいでしょう。**大切なことは「もらったお金を目的によって分けて管理する」ということです。**そうすることで、無駄遣いを防げますし、貯金をする習慣もつきます。

さあ、お子さんが小学生以上のお母さんは、お金の管理をお子さん自身にさせてあげましょう。

第4章

生活の中でこそ養える、ホンモノのお金感覚

毎日が学びの場。親だからできること

本物のお金を使って遊んでみよう！

お金のしくみがわかったからといって、いきなりお店でお買い物をさせるのは、ちょっと怖いですね。まずは、お家でお金遊びがオススメです。

幼稚園や保育園でもお店屋さんごっこがありますが、それのランクアップバージョンです。よくおもちゃの銀行セットでプラスチックでできた硬貨や紙の小さなお札がありますが、それよりも本物のお金を使いましょう。

大人はお金を使い慣れています。もし、道を歩いている時に、誰かが10円玉を落としたとしたら、周りの人はパッと振り返るはずです。でも、他の金属片だったら、誰も振り向きもしないでしょう。それくらいお金というのは、私たちの目にも耳にも頭にも浸透しているのです。だから、財布から出したお金をパッと見ただけで、「何千何百何十何円」ということがわかります。

子どもの遊びに本物のお金を使わせるのは、お金に対して失礼だと感じる人は多いかもしれません。それは私たち親自身も子どもの頃には、自分の親から、「お金をおもちゃにしてはいけません」と言われ続けてきたからです。お金は神聖なものだから、子どもが触ってはいけないとも言われてきました。

でも、本当にそうでしょうか？

小さな子どもの頃から本物のお金に触れることで、お金に慣れる、お金を理解することができるようになります。

たとえば大人でも、おもちゃのプラスチックのお金をパッと見ただけでは、本物のお金のように、「何千何百何十何円」とはわからないでしょう。それは、慣れていないからです。いくらプラスチックのお金で練習をしても、結局本物のお金のことは理解できないのです。だからこそ、本物のお金を使って遊ばせたいのです。もちろん、失くしたり、投げたりしてはいけません。だから、親子で一緒に遊ぶのです。

まず最初に、お母さんの財布からお金を出して、全額を数えます。最初にいくらあるか数えてから遊び始め、最後にはまた同じ金額があるかどうかを確認します。そうすれば子どもは「お金を数えるのは大切なこと」と学ぶでしょう。財布の中にお金がいくら入っているのかを確認することを意識するようになります。

そうやって全額を数えてから、お金遊びを始めます。お店屋さんごっこも楽しくていいのですが、実はお店屋さんごっこは上級編です。その前にお金感覚を養うためのゲームをしてみましょう。

たとえば、「１００円」の出し方をいろいろ考えてみます。

- １００円玉1個
- 10円玉10個
- 5円玉20個
- 10円玉９個と1円玉10個

などいろいろな出し方があります。こういった遊びを通してお金を理解するとともに、算数の位取りの勉強にもなります。「10は1が10個」は算数の十進法の基礎になります。これだけで、親子でも兄弟でも遊ぶことができます。

それから、お金をひとつかみずつ山にして、山を3つ作り、どの山の金額が一番多いかを当てっこするゲームも楽しいです。

こうやって遊びながらお金感覚と算数の感覚を一緒に鍛えていくことにもなります。遊びの最後には、またすべてのお金の金額を数えて最初と同じであることを確認してください。そうしてからまた、お母さんの財布に全額を戻しましょう。もちろん、このお金遊び用に小銭を箱に入れて用意しておいても構いません。

そうやってお金の感覚を鍛えてからお店屋さんごっこをすると、格段におもしろくなります。自分で作ったアクセサリーやおもちゃに自分で値段をつけて、家族でお店屋さんごっこをしてみましょう。自分がお店屋さんになる体験をすると、普段の生活の中でも、モノの値段について興味を示すようになるでしょう。

自分のお金で実際にお買い物をする前に、こういった練習をしておくと、自分の欲しいものの値段が高いのか、安いのかが判断できるようになります。

お金教育を実践しているお母さんの報告です。

6歳の息子が筆箱を買う時に、スポーツメーカーのマーク入りの筆箱を選びました。そして、お財布からその金額を出したら、

「こんなにお金を使うんや……ちょっと待って」

と買うのを躊躇してしまいました。その後数十分再考して、結局ノーブランドの安いのではなく、スポーツメーカーのマーク入りの高い筆箱を買いました。値段と価値を自分なりに考えての買い物でした。（大阪府H・Aさん　6歳男子）

まずはお金感覚を身につけることが大事です。

商品の値段は安ければいいというものではありません。自分が本当に欲しい商品の価値と値段が釣り合っているかどうかを判断することが大事なのです。この男の子は、ノーブランドの安い筆箱よりも、高くても自分の気に入ったデザインの筆箱のほうがお金を払う価値があると判断したのです。もし、お金をお母さんが払っていたら、そんなことを考えることはしなかったでしょう。

お金ゲーム　初級編

① お金マッチ（2～3人）

用意するもの

500円玉、100円玉、50円玉、10円玉、5円玉、1円玉　を人数分

やり方

❶ 6種類の硬貨を1枚ずつそれぞれの財布に入れる。

❷「お・か・ね！」の掛け声で、硬貨を1枚みんなの前（場）に出す。

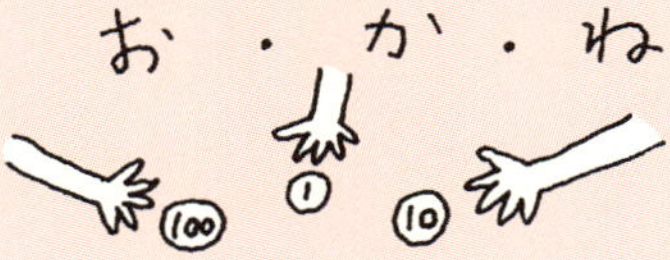

❸ 一番高額な硬貨を出した人が、場にある硬貨をすべてもらう。同額の場合はそのまま場に置いておく。

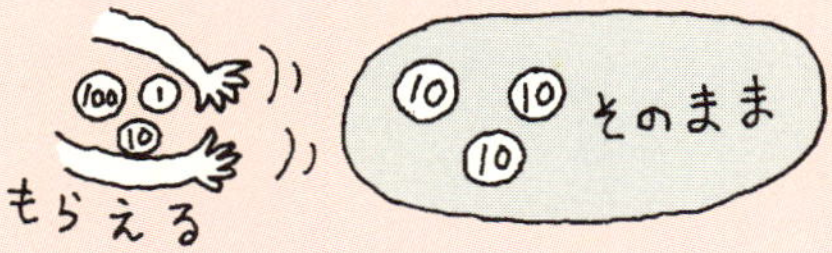

❹ 場にある硬貨をもらったら、財布には入れずに自分の前に並べる。

❺ 同額だった場合には、そのまま場に残しておく。

❻ また「お・か・ね！」の掛け声で、硬貨を1枚みんなの前に出す。一番高額な硬貨を出した人が、前回の同額のまま置いてあった硬貨もすべてもらえる。

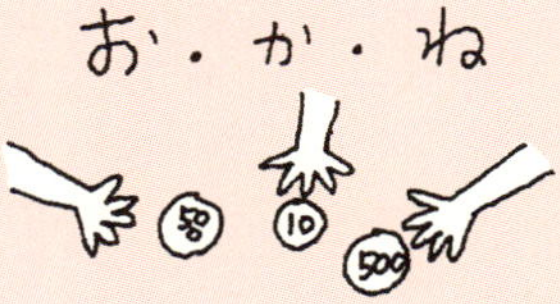

❼ 6回で財布のすべての硬貨を出したら終了。自分の前に並べてある硬貨の合計額が大きい人が勝ち。

お金ゲーム　初級編

② 大金持ちゲーム（何人でも）

用意するもの

硬貨をなるべくたくさん

やり方

❶ 硬貨を中が見えない箱に入れる。

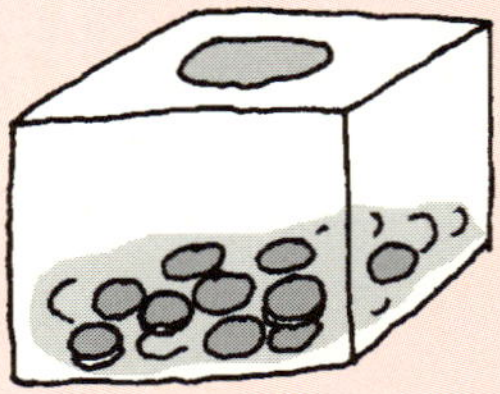

❷ 箱に片手を入れて、中を見ずに一つかみ硬貨を取り出す。

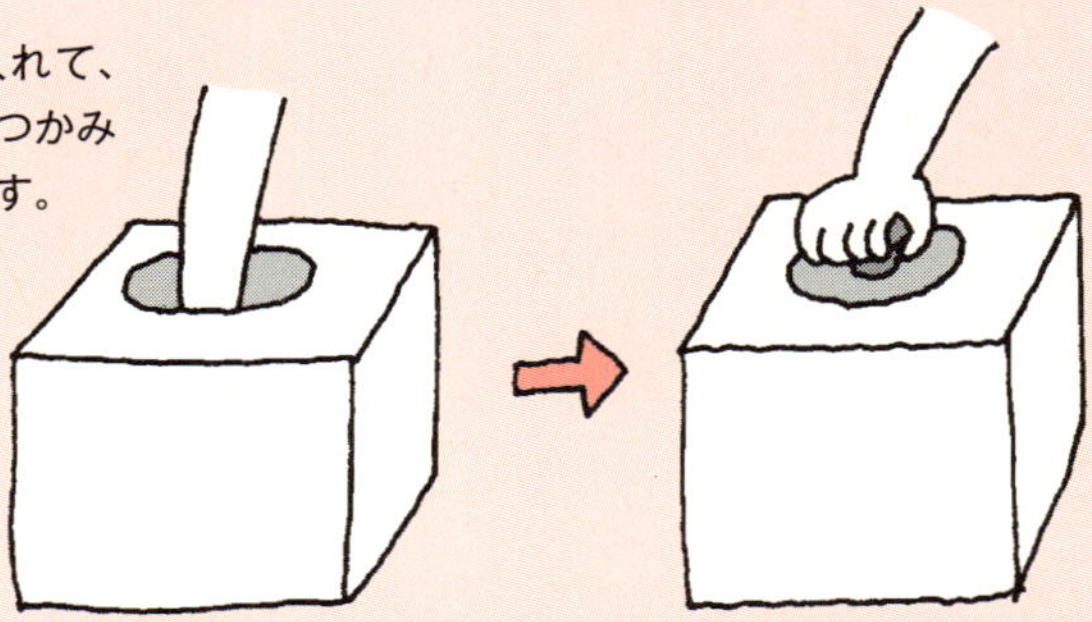

❸ 取り出した硬貨を数えて、金額が大きい人が勝ち。

お金ゲーム　初級編

③ これいくら？ゲーム（何人でも）

用意するもの

・小物（人形やコップなど何でも）
・メモ紙
・ペン
・（硬貨）

やり方

❶ 小物に値段をつけて、メモ紙に値段を書く（たとえば50円）。

❷ 50円の出し方を、３通り考える。
字が書ける子は紙に書いてもいいし、実際の硬貨を使ってもよい。

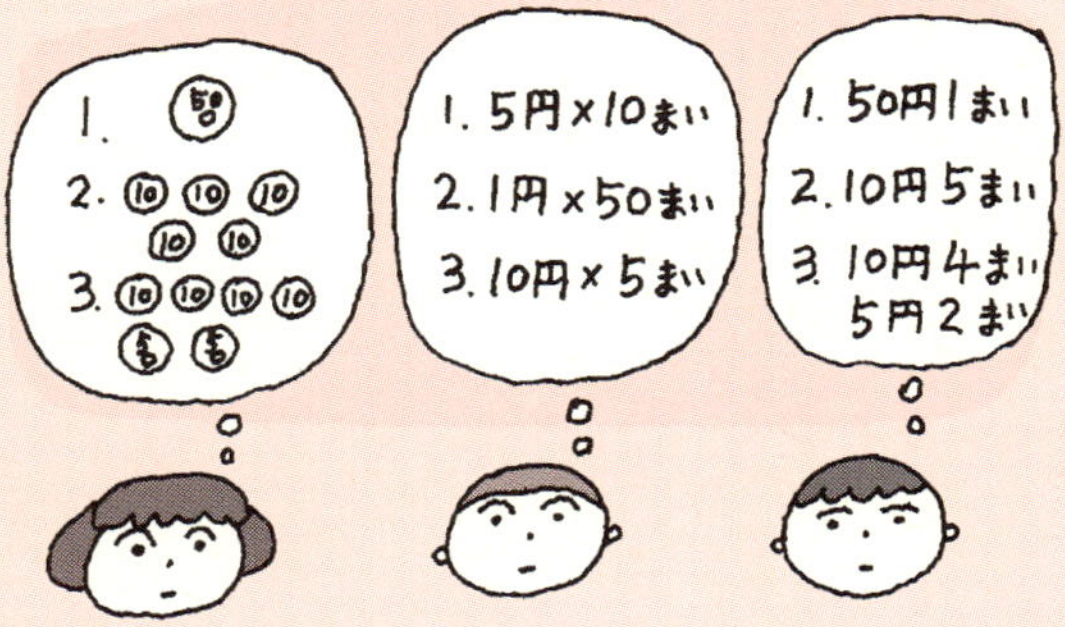

（例）
1. 50円玉×１
2. 10円玉×５
3. 10円玉×４
　　＋1円玉×10
など

❸ ほかの人の出し方を見る。

お金ゲーム　上級編

① チラシで買い物シミュレーション

（何人でも参加可）

用意するもの

・スーパーのチラシ（人数分）すべての人が別のチラシになるように
・計算用紙または電卓

やり方

❶ じゃんけんで親を決める。

❷ 親は思いついたものを５つ言う。

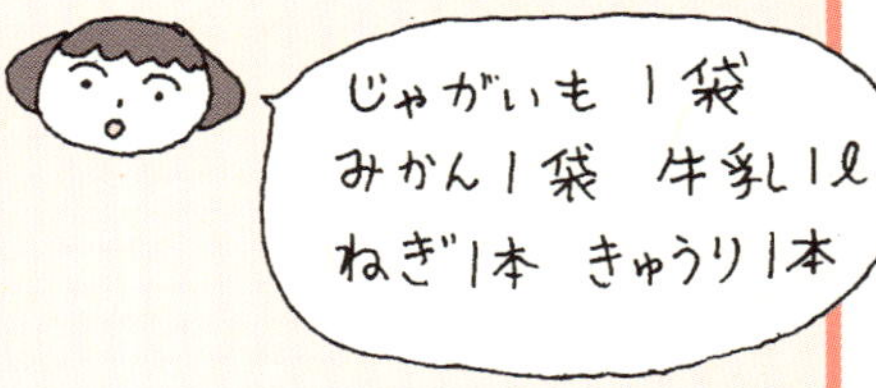

❸ 各人、自分のチラシで商品を探し、メモする。

❹ ５つの商品の合計金額が安い人が勝ち。

お金ゲーム　上級編

②チラシで買い物シミュレーション

超上級編

やり方

1 じゃんけんで親を決める。

2 親は夕ごはんで食べたいメニューを言う。

3 各人、そのメニューに必要な材料を考え、自分のチラシで商品を探し、メモする。

4 5つの商品の合計金額が安い人が勝ち。

お金ゲーム　上級編

③ リアルお買い物ゲーム（何人でも。みんなで協力する）

用意するもの
・お金
・メモ用紙

やり方

❶ お母さんが夕食のメニューを発表する。

❷ お母さんから予算をもらう。

❸ そのメニューに必要な材料を考え、家にある食材をチェックして、買い物をメモする。

❹ お店に行って、必要なものを買う。

❺ 予算内で買えたら勝ち。

「お金がないから買えない」は禁句

買い物に行くと、

「コレも欲しい！」

「アレ買って〜」

と言うお子さんもいらっしゃるでしょう。そんな時、お母さんは困ります。周りのお客さんの目や定員さんの視線も突き刺さるようです。早くその場を収めるために便利なセリフが、

「ウチはお金がないから買えないの！」

「今日はお金を持っていないから買えないの！」

です。このセリフを使った心当たりのあるお母さんも多いでしょう。確かにたいていの子どもはそれで諦めますから、便利な言葉です。

子どもが小さい時には、確かに効き目があります。でも、二度三度と使っていると、そのうち子どもにはバレてしまいます。もしあなたが新しい洋服を着た時、子どもにこんな風に言われたらどうしますか？

「お母さんの洋服を買うお金はあるのに、どうしてボク（ワタシ）のおもちゃは買えないの？　お金がないって言ったのに、どうしてお洋服は買えるの？」

言い返せないですよね（笑）。

あるお母さんはこんな体験にヒヤッとされたそうです。

「お金がないから買わないよ」

「ウチはお金持ちじゃないから買えないの」

ということを娘がモノを欲しがった時に言ったことがあります。諦めてくれたのは良かったのですが、ある時、一緒に買い物をしていたら、

「コレ（娘が欲しがっていたもの）は、ウチがお金持ちじゃないから買えないんだよね」

と言われてしまいました。お金持ちじゃないところは間違いではありませんが

（笑）、本来の「買わない理由」はそこではないので、母として自分が言ってしまった言葉を反省しました。（静岡県M・Cさん　4歳女子）

子どもが幼いほど、お母さんの言葉をそのまま理解してしまいます。あるお母さんは自分が子どもの時に「ウチはお金がない」という親の言葉をそのまま信じてしまい、「明日のご飯が食べられなくなったらどうしよう」と本気で心配していたそうです。

少し大きくなって、お母さんのウソがわかるようになった時、子どもの中のお母さん像は「理想のお母さん」から「ウソをつく人」に代わってしまいます。そうなって後悔しないためにも、「ウチにはお金がない」は子どもには言わないようにしましょう。

1週間にいくら使う？

前の章で、1週間のお給料の目安を600円と書きました。これは大まかな目安です。実はいくらお給料をあげるかの前に、1週間でどれくらいのお金が必要かを書き出してみる必要があります。使うお金よりお給料のほうが少ないと、お金教育の意味がなくなってしまいます。あなたは、お子さんが1週間にどれくらいのお金を使っているか、わかりますか？

もちろん、食費や医療費など衣食住に関わるお金は親が出すべきだと思いますから、子どものお金には入れません。私が思いつくままに書いてみると、

- オヤツ代
- 文房具
- マンガ本

●ガチャガチャやゲーム
●◯◯カード
●夏休みの映画代
●スケート代
●子どもが食べたがった時のソフトクリーム代

などでしょうか。ご家庭によってはまだまだあると思います。また、お子さんの年齢によっても違います。まずは、すべて書き出してみましょう。

そして、お給料は週給制ですから、使うお金も1週間に直してみます。

●オヤツ代…………………週に一度100円
●文房具……………………月に一度400円（週に直すと100円）
●マンガ本…………………月に一度400円（週に直すと100円）
●ガチャガチャやゲーム……週に一度100円
●◯◯カード………………月に一度150円（週に直すと40円）
●映画代……………………年に一度1200円（週に直すと25円）

●スケート代 ……………… 年に一度1800円（週に直すと40円）

●ソフトクリーム代 ………… 月に一度400円（週に直すと100円）

これらを合計すると605円です。1週間の給料が600円なら、ちょうどいいように思えますが、そうではありません。「お金の4つの機能」の中の「殖やす」ためのお金が入っていません。「殖やす」ためのお金が給料の3分の1とすると、605円を財布と貯金箱に入れるとしたら、1週間の給料はその1・5倍の908円必要ということになります。1週間の給料が600円でも高いと思われた方が大半だと思いますから、908円は高すぎて払えませんね（笑）。そうすると、節約して400円以下に収めなければならなくなります。

ここからは親が一方的にではなく、お子さんと話し合って決めてください。

「マンガ本は友達から借りる」

「オヤツは1週間おきにする」

「ガチャガチャゲームはもうやめる」

など、いろいろな意見が出てくると思います。なるべくお子さんの意見を尊重してあげてくださいね。1週間に使うお金が400円以下になれば、お給料は600円でスタートすることができます。もし、1週間に使うお金が200円とか300円であれば、「殖やす」機能のお金を増額すればいいのです。

まだお給料をあげない6歳以下のお子さんでも、自分がいくら使っているのかを理解してもらう方法があります。一番わかりやすい「自分の好きなオヤツが何個買えるか」で説明してあげてください。

「100円のチョコ」が好きなのであれば、「スケートはチョコ12個分」とか、「ガチャガチャゲーム1回は、チョコ1個分と同じ」というように説明してあげるのです。きっとリアルに伝わると思います。高価なおもちゃなどは、「チョコ100個分!」と言うとあまりに多すぎて笑いが出るかもしれませんね(笑)。

こうやって、子どもの年齢に合わせて、紙に書き出したり、身近なものに置き換えたりして、お金の価値を理解させてあげることが、お金教育の「使う」の中では一番大切なことになります。それが、無駄遣いを防ぐ方法にもなるのです。

衣食住にかかるお金は親の責任で

前項で、子どもが一週間に使うお金がだいたいいくらくらいかがわかったと思います。しかし、その金額が子どもにかかるすべてのお金ではありません。衣食住にかかるお金や教育費などもあります。ここでは、どこまで親が出すのか、どこから子どもが出すのかの線引きを考えてみましょう。

スーパーマーケットに買い物に行って野菜やお肉を買うとします。そのお金は当然家族の食費ですから、子どもに出させることはありません。でももし、子どもが、

「お菓子が欲しい！」

と言った時はどうしたらいいでしょうか？　お母さんはお菓子は必要ないと思ったとします。その時に、

「お菓子は買いません！」

と禁止するより、

「自分のお金で買ってもいいよ」

と提案してあげてください。今までお菓子はお母さんに買ってもらって当然と思っていた子どもは、イザ自分のお金で買うとなると真剣に考えるでしょう。自分が仕事をしてもらったお金に見合うだけのものかどうかを考えて、案外諦めるかもしれません。我が子たちは、自分のお金でお菓子を買ったのは、遠足の時だけです。

それではお母さんが食べたいお菓子はどうしたらいいでしょうか？　子どもに自分のお金で買いなさいと言っておきながら、自分だけ買うわけにはいきません。もし、お母さんが自分用のお小遣いの財布を持っているなら、そこから出せばいいでしょう。私は自分用財布は持っていませんでしたから、子どもと一緒の時は買いませんでした。その代わりに、子どもが寝静まった夜に、一人でコンビニにスイーツを買いに行ったことは数知れず……です（笑）。

衣料費はどうでしょうか。洋服とは家族みんなのものではありません。その子だけのものです。小学生の間は自分のお金も少ないので、洋服を買うことはできませんが、

もし中学生以上になって自分のお金で買いたいと言い出したらどうしたらいいでしょうか？　実は私も子どもが小さい頃は、

「中学生になったら、仕事の給料を上げて衣料費は自分で出させることにしよう」

と考えていました。でも、実際には実行しませんでした。子どもが自分のお金で買うということは、親は子どもの選んだものに口が出せないということだからです。もし、中学生の娘が、お尻の見えそうなミニスカートを買っても、着てはいけないとは言えないからです。子どもが中学生になる寸前にそのことに気づいたので、衣料費は今でも家計の被服費から出しています。

また、習い事の月謝はどうでしょうか？　これも親が教育費から出すべきだと思います。習い事の先生にお支払いする月謝は親が先生に感謝の気持ちと共に差し上げることで、子どもは「習わせてもらっている」ことを実感するでしょう。

結局、子どもが自分で自由に使っていい範囲はかなり限定されると思います。子どもへのお金教育は、子どもが大人になった時にお金の管理ができるようにするためなので、限定された範囲でいいのだと思います。

ケータイ・ゲームは誰のもの？

現代の子どもたちに、ケータイやゲームは必需品になりつつあります。イマドキ、ゲームを持っていない子どもを探すほうが難しいでしょう。でも、ケータイやゲームは安いものではありません。子どものお金感覚でも、自分だけの力で持つことはできないと考えるでしょう。だからこそ、親の権限が使えるのです。

しかし、もし今はあなたがケータイやゲームを禁止していても、子どもがどうしても欲しいと思った場合、自分のお金で買いたいと言い出すかもしれません。そんな時はどうしたらいいでしょうか？

まずケータイの場合、未成年は一人で勝手に契約をすることができません。親であるあなたが同意しなければ、たとえ大学生であっても未成年ならケータイを持つことはできないのです。そのことをはっきりと伝えましょう。その上で、あなたが許可をするのであれば、親が通信料を払うことにするとか親の名義で契約するなどして、子どもに「貸してあげる」という条件で持たせてあげましょう。

「貸してあげる」ということは、親のものですから、親が中を見る権利がありますし、チェックをすることもできます。実際は個人のプライバシーがありますから、勝手に見てはいけませんが、子ども立会いのもと定期的にチェックをするという約束を最初にしておきましょう。本当にチェックをするのかどうかは別にして、そういった約束があると子どもも勝手なことはできません。今は、ケータイでのイジメやトラブルが中高生で多発していますが、そういう歯止めがあると子どもがケータイのトラブルに巻き込まれることも少ないでしょう。

次にゲーム機を持たせる時の注意点です。ゲームはケータイのように契約をするということがないし、ソフトは子どもでもがんばれば買うことができる金額なので、より低年齢から対策を立てる必要があります。もしかしたらお父さんもゲームが好きで、すでに家にゲーム機があるご家庭もあると思います。そんな時も、あくまでもゲーム機は親のものを貸してあげるというスタンスがよいでしょう。

また、渡す前に約束をすることも必要です。1日の使用時間とか宿題やお手伝いが終わってから遊ぶというような取り決めをしておきます。また、約束が守れなかった時の罰則を決めておくことが大事です。それも、親が一方的に決めるのではなく、親子で話し合って決めましょう。使用時間をオーバーしてしまったら1週間は使用禁止とか、3回約束が守れなかったら1か月使用禁止等の約束を決めておきましょう。そして、その罰則は必ず実行することが大事です。

子どもが約束を守れなくてゲーム機を没収されてしまうと、翌日から泣いて訴えたり、逆にお手伝いをたくさんして点を稼いだりするかもしれません。それでも最初に決めた約束を守ることが大事なのです。もし、1週間使用禁止を3日間で、

「ま、この辺でいいでしょう」

と親が短縮してしまったら、子どもはその次からも同じ手で我を通してくるでしょう。そうして約束はなし崩しになっていきます。そうならないための、親の覚悟も必要かもしれませんね。

お年玉どうする？

お正月の子どもたちの最大の楽しみは、お年玉です。お父さんお母さんやおじいちゃんおばあちゃん、親戚の方たちからもらうお年玉は、大人でいうとボーナスでしょうか。現代では、小学生でも何万円もお年玉をもらう子どももいるようで、そんな大金を子どもに持たせていいのかどうか親としても心配ですね。

親として一番困るのは、お金感覚が狂ってしまうことでしょう。普段から数百円単位で細かく管理して苦労して貯金をしていても、一瞬にして大金が手に入ってしまうとお金感覚が狂ってしまいそうです。

我が家では、私と主人からのお年玉はお金ではありませんでした。毎年カードゲームを3つ用意して、それぞれ子どもたちに選ばせていました。そしてお正月の間は家族でカードゲーム大会をして楽しく遊んでいました。お金教育を実践しているあるお母さんは、毎年のお年玉は「図書カード」と決めているそうです。お正月に家族で書店に行って好きな本が買えるというのも、いいですね。「自分で好きな本が買える」という満足感もありますし、読書好きな子どもになれば、なお嬉しいですね。

また、おじいちゃんおばあちゃんからのお年玉は、我が家の場合、次のようにしていました。

たとえば1万円をもらった場合、千円は財布に入れて、9千円は銀行に貯金する。

子どもたちには、

「おじいちゃんおばあちゃんは、今楽しむお金だけではなく将来大人になった時に必要だから今から大金をくださっているのよ。だから9千円は銀行に貯金しておこうね」

と言うと、自分の将来をイメージすることもできたようです。実際、子どもたちが高校を卒業して自立する時に、今まで子ども自身が貯めたお金とお祝いやお年玉でいただいたお金に、成人するまでの生活費を足して通帳を渡しました。

お年玉は、実際の生活で大きなお金が動くということを体験するいい機会になるでしょう。

欲しいものを自分で手に入れると、ムダ遣いしなくなる

子どもにとって自分自身のお金が持てる喜びは「欲しいものが自分の力で買える」ということでしょう。

それまで、親に保護されていて欲しいものを買ってもらう生活が普通だと思っていた子どもも、イザ自分の自由になるお金が持てると世界が広がります。自分の欲しいものを自分で手に入れることができるという体験は、「自分で自分の人生を切り開く」という感覚につながっていきます。いつも親から必要なお金や物を与えられているだけでは、この感覚は決して身につかないでしょう。

しかし、親としては心配もあると思います。

「子どもにお金の管理を任せたら、好き勝手に使ってしまって、浪費家になってしまうのではないか」

最初はこんな不安があって当然だと思います。でも、実際は子どもが浪費家になることはないでしょう。自分のお金を持つということは「欲しいもの」と「必要なもの」の違いについてイヤでも考えなければならなくなるからです。

お金教育を実践しているお母さんからのご報告です。

お金教育を始めてから、子どもは「欲しい」と言うことが少なくなってきました。初めの頃は、ガチャガチャにはまって少し心配もしましたが、今はじっと見てはいますが「やりたい」と言うことはなくなりました。スーパーのお菓子売り場でもお菓子をじっと見てはいますが、私が待っていると手には何も持たずにその場を離れることがほとんどです。私が「自分のお金でどうぞ」といつも話しているからかもしれません。（新潟県T・Aさん　5歳女子）

人生の中で「欲しいもの」と「必要なもの」の違いが子どもの頃からわかっていたら、この先きっと上手なお金管理がずっとできるでしょう。

何に使うかは本人に任せること

欲しいものが買える喜びを子どもが自覚したら、子ども自身の「お金管理」の能力を伸ばしてあげましょう。そのためには、何を買うかを本人に任せることです。

親の「こういうお金の使い方をして欲しい」という希望と、子どもの「こういう風にお金を使いたい」という希望は合わないことがほとんどです。しかし、いくら親の意見を押し付けても、子ども自身が納得しなければお金教育はうまくいきません。

大人にとっては、「くだらない」と思えるものも、子どもにとっては「価値のあるもの」かもしれません。お金教育はあくまでも、「子どもが大人になった時に、お金の管理ができ、幸せなお金の使い方ができること」が目標です。子ども時代の今、親の思う通りのお金の使い方をさせることではありません。

子どもは親が思っているよりもずっとよくお金のことを考えています。また、お金を自由に使うことができる満足感と責任感も備わっています。あとは親がそれを信じられるかどうかなのです。

お金教育をしているお母さんからの報告です。

初めてのお給料で子どもが買ったものはお菓子でした。自分の財布からお金を出して買う姿は誇らしげで、

「ヤッター！　自分のお金で買ったよ!!」

という感じでした。同じ物でも値段が違うことに気づき、本人なりに比べています。欲しいから単純に買うのではなく、値段を調べて本当に必要なのか考えてから買おうとしています。（東京都Ｋ・Ａさん　６歳男子）

学校で使う連絡ノートを買いに行った息子。一緒にお菓子も買う予定で出かけたのですが、手持ちのお金は１５０円でした。連絡ノートを見つけたのですが、その

ノートを買うとお菓子を買うお金が足りなくなることがわかりました。考えた末に、一回り小さいノートとお菓子を見事に買うことができました。（東京都Ｋ・Ｈさん６歳男子）

こんなふうに６歳の子どもでも自分の持っているお金と自分の欲しいもの、必要なものを考え、どうすれば満たせるかを真剣に考えます。これは、大人になってからの買い物と何も変わることはありません。ただ、金額が少ないだけです。子どもの頃から自分が満足できる買い物をする練習を重ねることで、金額が十倍、百倍になっても自分の思うようにお金の管理をすることができるようになるのです。

決められたお金で自分を満たせる力をつける

お母さんが子どもにお金の使い方を任せて、子どもも欲しいものを自分のお金で買える喜びを感じても、すべてがうまくいくわけではありません。自分の持っているお金には限度があるからです。持っているお金以上の買い物をすることはできません。

私たちは一般に「たくさんのお金があるほうが幸せだ」と考えています。特に高度経済成長の時代に育った私たちの世代は「よく勉強してよく働いて、たくさんの給料をもらえるのが幸せ」と教育されてきました。しかし、そんな右肩上がりの時代は過ぎ去り、現代は働いても働いてもお給料が急激に右肩上がりになることはありません。これからどうなるかも不透明です。

そんな時代を生き抜いていかなければならない子どもたちは、たくさんの物を買って幸せを感じるより、あるものに満足する力が求められているのかもしれません。実際、そのような若者が増えているのです。

子どもの頃からお金教育をすると、自分のお金の中でやりくりをすることが覚えられます。欲しいものが買えなくて悔しい思いをすることもあるでしょう。欲しいものを買うためにお金を貯めている間に、それほど欲しくなかったことに気づくこともあるでしょう。子どもはそんな経験をしながら、決められたお金の範囲で最大限に満足することを学んでいくのです。


お金教育をしているお母さんからの報告です。

欲しいものがあってもお金が足りない時は買えません。そんな時、怒ったり悔しがったりしますが、自分なりに納得し、「今は買えない」と認識できるようになりました。（福井県M・Sさん　9歳女子）

また、お金とは自分のために使うことだけが自分を満たすのではありません。人のために自分の大切なお金を使うことで、人間関係を作っていくこともできるのです。

3歳の弟がガチャガチャの前で、

「欲しいな、欲しいな」

とつぶやいていました。そうしたら7歳の姉が、

「姉ちゃんがやらせてあげる。どれがいいの？」

と言いました。弟はすごく嬉しそうに、

「いいの？」

と何度も確認していました。ガチャガチャをやった後もこれまた嬉しそうに、幼稚園のカバンにつけていました。

「コレ、姉ちゃんに買ってもらった手裏剣！」

と先生にも嬉しそうに報告していたそうです。それを聞いた姉もとても嬉しそうでした。お互いを思いやる心を持てたことで、お金以上の価値があったことを感じました。（愛知県H・Tさん　7歳女子・3歳男子）

お姉さんが弟を思いやる心をお金を使うことで表現してあげたのですね。きっと弟さんの心にはお姉さんの思い出として一生残るでしょう。

第5章

お金の流れが見えてくる「お小遣い帳」の魔法

きっちりつけなくても大丈夫。
親子で楽しもう

お給料をあげるなら
お小遣い帳をつけさせよう

子どもに実際にお金を渡すのはいつ頃からがいいのでしょうか。

理想を言えば子どもが小学校にあがったら、仕事に対するお給料としてあげるのがいいでしょう。小学生になる頃から、学校の宿題や習い事、遊びで忙しくなって、仕事は後回しになりがちです。でも、自分がした仕事に対してお給料がもらえるとなると話は別です。仕事に対してまた新たな張り合いが出てくるでしょう。

しかし、ただお金をあげるだけでは、お金の流れはつかめません。そのままお店へ行き、好きなお菓子を買って終わりになってしまうかもしれません。そうならないためにもキチンと記録させてあげましょう。

小学校に入ると、ひらがなや数字を習います。だからお小遣い帳をつけることもできるはずです。仕事に対するお給料を払うことを子どもに伝えると同時に、お小遣い帳をプレゼントしましょう。

実際にお金教育をしているお母さんのお話です。


お小遣い帳をつけることによって、無駄にお金を使わなくなりました。親がお金を出してくれるなら欲しいけど、

「自分のお小遣いで買ってね」

と言うと、買うのをガマンすることもあります。理由は、

「お小遣い帳に書かなくてはならないから。今日はお金を使わない日にしたい」

と言うのです。何でも買ってあげるのではなく、買うか買わないかを自分で考えさせることが必要ですね。（山口県M・Sさん　9歳女子）

また、お小遣い帳をつけることで、責任感も出てきます。「自分がお金を管理する主人公」という認識ができるからでしょう。小学校に入って、お金とお小遣い帳を手に入れることで、子どもはお金管理のステップを一段上ることになります。

お小遣い帳のイメージ

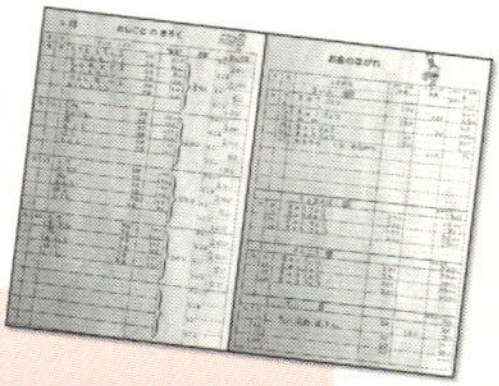

お金のながれ

月	日	ことがら	はいったお金	つかったお金	のこりのお金
		さいふ			先月まで 300
4	5	きゅうりょう	100		400
	6	ノート		120	280
	12	きゅうりょう	150		430
	13	あめ		30	400
	19	きゅうりょう	100		500
	26	きゅうりょう	150		600
	29	おまつり　くじ・わたがし		600	50
		ちょきんばこ			先月まで 1400
4	5	きゅうりょう	200		1600
	12	きゅうりょう	200		1800
	19	きゅうりょう	200		2000
	26	きゅうりょう	200		2200
		ぎんこう			先月まで 3200
4	5	きゅうりょう	200		3400
	12	きゅうりょう	200		3600
	19	きゅうりょう	200		3800
	26	きゅうりょう	200		4000
		きふ			先月まで 300
4	5		50		350
	10	赤いはね　ぼきん		100	250
	12		50		300
	19		50		350
	26		50		400

右のページにはお金の出し入れを書き込みます。その時、「財布」「貯金箱」「銀行」「寄付」の４つに分けて、それぞれ書き込みましょう。

4月　　おしごとのきろく

月	日	やったしごと	給料《きゅうりょう》	合計《ごうけい》	お金《かね》の行先《いきさき》
4	5	くつを　そろえる　5日	100	550	ぎんこう 200
		テーブルを　ふく　5日	100		
		花に　水をやる　3日	50		ちょ金 200
		おふろ　そうじ　5日	100		
		はしを　ならべる　5日	100		きふ 50
		トイレ　そうじ　5日	100		
					さいふ 100
4	12	くつ　5日	100	600	ぎんこう 200
		テーブル　5日	100		
		花　5日	100		ちょ金 200
		おふろ　5日	100		
		はし　5日	100		きふ 50
		トイレ　5日	100		
					さいふ 150
4	19	くつ　5日	100	550	ぎんこう 200
		テーブル　5日	100		
		花　5日	100		ちょ金 200
		おふろ　5日	100		
		はし　5日	100		きふ 50
		トイレ　4日	50		
					さいふ 100
4	26	くつ　5日	100	600	ぎんこう 200
		テーブル　5日	100		
		花　5日	100		ちょ金 200
		おふろ　5日	100		
		はし　5日	100		きふ 50
		トイレ　5日	100		
					さいふ 150
					ぎんこう
					ちょ金
					きふ
					さいふ

左のページには、自分のした仕事を書きましょう。１週間の合計金額が「お給料の請求書」になります。いちばん右の欄には４つの項目に振り分けた金額を書きます。

親の管理はズボラなくらいがちょうどいい

ここまで、お金を稼ぐ方法、管理する方法、使い方をお伝えしてきました。最後のこの章では、子どもがお小遣い帳をつける時の注意点とお小遣い帳をつけることによって子どもが身につけることのできる力を説明したいと思います。

日本人の多くは「0か100か」という考え方を好みます。

「きちんとできないなら、やらないほうがマシ」

という考え方です。でも、子どもはまだ成長している最中です。仕事をするのも管理をするのも使うのも人生で初めて経験することばかりです。最初からきちんとすることはとても難しいものです。親は何十年も生きてきて、たくさんの経験を積んでいます。だから、何事もきちんと仕上がって欲しいのです。でもそう思うほど、子どもに対しての評価が厳しくなりがちです。

お小遣い帳についても、

「きちんと書けないなら、やらないほうがマシ」

と思ってしまいます。でも、本当にそうでしょうか？

そもそも、子どもにお金の教育をするのは、大人になった時にお金の管理ができるようになって欲しいからですね。それなのに、子どもの時にできないからといって止めさせてしまったら、果たして大人になっていきなりできるようになるでしょうか。

一度挫折した経験は、「自分にはお金の管理ができない」というマイナスの記憶として残ってしまいます。それでは、何のために子どもの時からお金の教育をしてきたのかわからなくなってしまいます。だから、多少お小遣い帳のつけ方がマズくても、つけるのを忘れてしまっても大目に見てあげましょう。

それから、もう一つ気をつけなくてはならないことがあります。子どもはラクをしようとします。親が見ていないところではズルをします（笑）。お小遣い帳を記入するのを忘れていてテキトーな数字を書いたり、計算が合わないと無理やり合わせたりします。親は子どものズルを見つけると無性に腹が立ちます。そして、このままズルをする大人になってはタイヘンと、監視の目を光らせるようになります。

でも、冷静に考えてみると、私たち大人はズルをすることが全くないと言い切れるでしょうか。私だってズルをしたことは数え切れません（笑）。

営業の仕事をしている人であれば、「直帰」とホワイトボードに書いて、会社から外出することがあります。仕事が終わってから会社に帰らず、直接帰宅するということですね。その時に、勤務終了時間より早く取引先との仕事が終わったとします。

「まだ勤務時間だから、会社に戻ろう」

と考える人がいないとは言いませんが、ほとんどの人は早めに帰宅したり、お茶を飲みに行ったりするのではないでしょうか（これはズルというよりは手際がよかったということもあるかもしれませんが……）。

子どももやっぱり同じことです。監視の目がないと、ごまかしたりちょろまかしたりしてしまうものです。大事なことは、自分のお金の収支を記録して自分のお金の使い方を管理することです。1日や2日できなくても続けることで、自然に習慣になります。それを見守ってあげましょう。

親子のコミュニケーション・ツールにぴったり

お小遣い帳をつけることで思わぬメリットがあります。お金教育の目的とは少し外れますが、親子のコミュニケーションにも役立つのです。これは、私自身思ってもみなかった効果でした。「お金をもらう、使う」ということは、子どもにとっても日常生活の中での大きな楽しみになります。我が家では毎週土曜日がお給料日だったのですが、木曜日の夜くらいから子どもたちは、

「明後日はお給料日」

「明日になったら、お金がもらえる」

とワクワクしていました。大人だってお給料日が近づくとワクワクしますから、同じですね。土曜日になると、お小遣い帳を見せてくれます。そして、その1週間にした仕事の中身や、お金を使った内容について話し合います。来週はもっと仕事を増や

してほしいとか、兄弟で仕事を交換する話し合いとか、お金の使い方や寄付をどこにするとか、親子が対等にお金に関して話し合う時間になります。これは親子のコミュニケーションタイムとして大いに役立ちます。そしてさらに別の効果もあるのです。

お金教育をしているお母さんからの報告です。

お仕事を持つこともお給料をもらえることも、子どもはとても誇らしく思っているようで、おばあちゃんに自慢げに話しています。（大阪府Ｈ・Ａさん　６歳男子）

お小遣い帳を遊びに来たママさん達に「すごいでしょう」という誇らしげな顔で見せています。ママさん達は娘を褒めてくださるので、それが嬉しくてますます仕事にも励み、お小遣い帳もしっかり記入しています。（愛知県Ｈ・Ｔさん　７歳女子）

親子のコミュニケーションだけではなく、おじいちゃんおばあちゃんや、お友達のママとのコミュニケーションにもなっているのですね。こうやってたくさんの大人から褒めてもらえる経験は、子どもの自信や責任感にもつながります。

子どもからの請求書はお小遣い帳で

お小遣い帳を書くことがニガテ、メンドクサイと感じる子もいるでしょう。特に男の子は字を書くことに苦手意識があるかもしれません。

しかし、お金教育をする上で、お小遣い帳をつけることは大切です。楽しく続けるためには、お母さんが定期的に見てあげること、その時に字の汚さや計算間違いを注意したり叱ったりしないことです。

そして、お母さんのほうもお給料制を長く続けるためには、ラクな仕組みを作っておいたほうが得です。一番面倒くさいのは、

「今週は一体いくらお給料をあげればいいのか？」

「今週はどれだけ仕事をして、どれだけサボったのか？」

をチェックすることです。

お仕事チェック表を作ってはいても、それを毎週チェックするのは、お母さんだって面倒くさくなります。我が家でもお仕事チェック表は作っていましたが、私がチェックすることはほとんどありませんでした。

それでは、どうしたらラクにお給料の金額を決められるのでしょうか？

それは、子どもに請求書を出させることです。

「え？　請求書を子どもが書けるの？」と思われるかもしれません。

請求書といっても、わざわざ書くわけではなく、お小遣い帳を請求書代わりにするのです。子どもが自分で、1週間にした仕事をチェックし、お給料の金額を計算し、前の1週間に使ったお金を記入して、お母さんに見せます。それが請求書です。お母さんは子どもから請求された金額を渡してあげましょう。

「そんなことを子どもに任せたら、仕事をしないのに給料だけ請求されてしまいそう」

と心配になるかもしれません。そこは子どもを信じてあげましょう。

責任をもって仕事をして、自分のお金を得ようとしている子どもは、そんなところでズルをすることはないはずです。

ただし、1か月に何度かは、仕事内容や仕事の量をチェックしましょう。それも抜き打ちで（笑）。そうすると子どもは「お母さんは侮れない」といい加減なことはできなくなります。

お小遣い帳で算数の力もアップする

お小遣い帳には当然ですが、たくさんの数字が並びます。それらを足したり、引いたりという計算もあります。だから、お小遣い帳をずっとつけていると、算数の力が知らず知らずついていくのです。

算数で特に大切な力は2つあります。「位取り」と「推測力」です。

算数といえば「計算力」と思いがちですが、これは後で訓練すれば鍛えられるものですし、現代は電卓もありますから計算力だけに重きをおいて算数の力をつけようと思っても限界があります。

まず「位取り」ですが、小学校では、1年生で百の位、2年生で万の位、3年生で億の位が出てきます。しかし、教科書に載っている数字だけを見て、それらをイメージするのはとても難しいのです。一番効果的なのは、実物を使うことです。イチゴでもアメ玉でもいいのですが、実際にはイチゴ1万個を数えるということはできません(笑)。

お金は「1円玉10個で10円」「10円玉10個で100円」「100円玉10個で千円」というように十進法がわかりやすく表現されています。これだけよくできた教材は他にはないと思います。

また、お金はただのモノではなく、人間にとってなくてはならないモノです。お金に思い入れもあるでしょう。だから、真剣に考えることができるのです。学校の計算ドリルや計算問題集は、解いてもご褒美はありません。でも、お小遣い帳なら記入して計算して答えが合っていたら、お給料というご褒美がもらえます。人間はニンジンをぶら下げられるとがんばれるものなのです。

次に「推測力」です。

足し算をしたら答えは元の数より増える、引き算をしたら減るということは、誰でもわかります。実際の生活の中ではわかりやすいのです。ミカンだってお菓子だって食べてしまえば（引き算）、少なくなるのは当たり前です。でも、小学生が計算をすると、足し算をしたのに答えが減っていたり、引き算なのに増えていたりします。＋やーのマークを見落としているのですね。お小遣い帳ならそんなことは起こりません。仕事をしてお給料をもらったはずなのに、合計が減っていたら、それはオカシイとすぐに気づきます。このように推測して確認する習慣がつくと、実際の算数の問題でも答えがトンチンカンであれば、すぐに気づくようになります。

お小遣い帳をつけることで算数の力がついたら、一石二鳥ですよね。実際にお金教育をしているお母さんからも、こんな報告をいただいています。

最初はお小遣い帳をつけることから始めました。計算が複雑になるとイヤになって途中で止めてしまうことが多かったですが、根気よく計算に付き合っていたら、いつの間にか計算間違いはなくなり、今では親がチェックしなくても自分でつけられるようになりました。親もラクになりましたし、私自身は家計簿が苦手なのに子どもはお小遣い帳をきちんとつけていて感心します。（福井県Ｍ・Ｓさん　９歳女子）

４つの貯金箱に入れる時、２５０円など割り切れない時には子ども自身が、

「全部10円玉に替えて」

と言ってきます。25枚の10円玉を自分で４つの貯金箱（財布・貯金箱・銀行用・寄付用）に分けて入れていました。（愛知県Ｈ・Ｔさん　７歳女子）

お金の感覚はまさしく算数の感覚に直結しています。お小遣い帳をつけることは、算数の勉強をすることだと思えば、お母さんも子どもの応援に力が入るかもしれませんね。

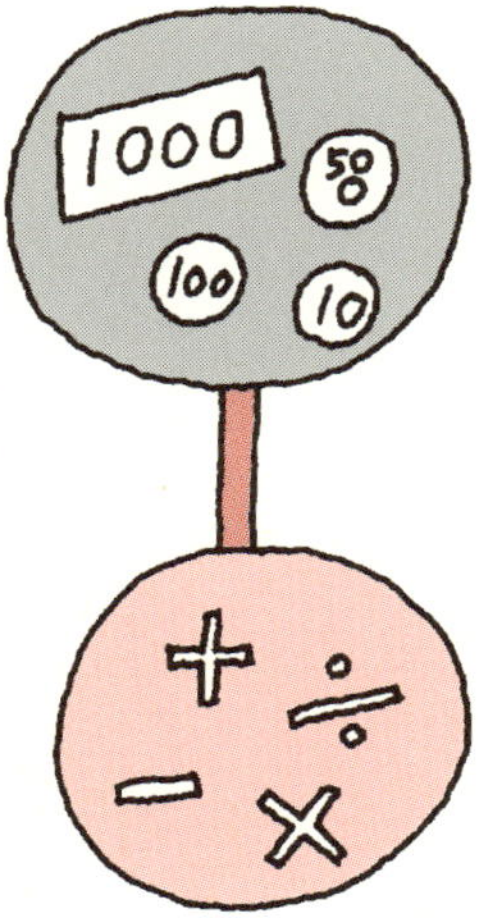

全体を見通す力が鍛えられる

「木を見て森を見ず」ということわざがありますが、お小遣い帳にも応用できます。子どものお小遣い帳を見ると、字が汚かったり、計算が間違っていたりします。お母さんはイライラもするでしょう。でも、お小遣い帳をつける目的は、「自分のお金の流れをつかむこと」です。多少の計算間違いは大目に見てあげましょう。

「今回の計算はちょっと違っていたけれど、大丈夫！　来週からまたやろうね」と笑顔で言ってあげると子どもは、自分の計算が間違っていたことではなく、来週からは間違えないように計算しようということを考えるでしょう。

そして、それを繰り返すことで「記録を残すこと」「記録を残すことでお金全体の流れが見えること」を学ぶでしょう。これは「木という一部」にとらわれず、「森全体を見通す」ことです。お金教育をしているお母さんからご報告をいただきました。

お小遣い帳をしばらくつけ忘れたら、残高が合わなくなり、続けられなくなりそうでした。でも、幸い残高あまりだったので、雑収入として処理し、事なきを得ました。子どももそれからは、つけ忘れや計算間違いがないように気をつけるようになりました。（福井県Ｍ・Ｓさん　９歳女子）

このお母さんは、子どもがお小遣い帳をつけ忘れたことを怒るのではなく、残高が合わないことを責めることもせず、「雑収入で処理をする」アドバイスをされています。

このお子さんは、お母さんからそんなアドバイスをもらったことで、お金の大切さや、トラブルが起こった時の処理の仕方も学びました。もし、お母さんが、

「あなたがいい加減だからダメ！」

「つけ忘れるなんて、責任感のない子！」

と怒っていたら、お子さんも反抗してお小遣い帳なんて止めてしまったかもしれません。お母さんが「森を見て木を見ない」努力をすることが、とても大切なのです。

おわりに

最後まで読んでいただき、ありがとうございました。読み終わって、どんな気持ちでしょうか。

「よし！　早速、我が家でも『お金教育』を始めよう！」

と思っていただけたでしょうか。それとも、

「我が子には無理かも……」

と思われたでしょうか。

本文中でも書きましたが、子どもへのお金教育の目的は、「経済的に自立した大人に育てること」です。決して、今現在のお金管理をキチンとさせることではありません。子どもはまだまだ成長中です。未熟な部分もたくさんあるでしょう。そんなお子さんに完璧なお金管理を期待すると、親も子どもも苦しくなるばかりです。

私の提唱する「お金教育」が成功するかどうかのカギは、「お母さんお父さんが大らかに見守れるかどうか」にかかっています。そういう意味では、私のように大雑把

でちょっといい加減な親のほうがやりやすいかもしれません（笑）。自分が「完璧主義だなぁ」と思われる方は、あえて「手抜き」をするくらいがちょうどいいでしょう。

実はこれは、お金教育だけではなく、子育て全般にも言えることなのです。一つひとつのことを完璧にしよう、させようと思うと、上手くいかないことが多いように思います。どうしても、子どもに押し付けることが多くなりますから、子どもは反発します。子どもに反発されると親は腹が立ちますから、余計に抑え込もうとします。そうすると子どもはますます反発し……。そんな悪循環に陥ってしまいます。

それよりも「ま、いいか」と大らかに捉えるくらいがちょうどいいかもしれません。

ただ、一つだけ心に留めておいていただきたいのが、

「我が子にどんな大人になって欲しいか」

ということです。

目の前の状況には「ま、いいか」と多少目をつぶってもいいと思いますが、

「将来、こんな大人になって欲しい」

という思いはいつも持っていて欲しいと思います。

「今の現状に左右されずに、遠い将来を見つめる」

これこそ、「子育ての究極のコツ」ではないでしょうか。お金教育も同じです。今の現状にイライラしたり怒ったりすることなく、将来我が子が経済的に自立した姿を思い浮かべながら見守る姿勢を保ちましょう。

この本の執筆にあたり、「母学」を学んでいらっしゃるお母さま、「お金教育セミナー」を受講してくださったお母さまには、膨大なアンケートに一つひとつお答えいただき、お金教育の実践をご報告いただきました。そのご協力のおかげで、この本が完成いたしました。感謝いたします。また、青春出版社の手島さんにもたくさんのアドバイスをいただきました。おかげ様でとても読みやすい本に仕上がったと自負しています。

この本をきっかけに日本全国のご家庭で「お金教育」がなされ、子どもたちがしっかりと経済的に自立して成長していく姿を楽しみにしたいと思います。

母学《ははがく》アカデミー　河村京子

著者紹介

河村京子　1963年生まれ。東京学芸大学教育学部卒業。山口県にて学習塾経営、幼児教室主宰などを経て、現在は「母学アカデミー」学長。東大現役合格の長男、数学オリンピック２年連続決勝進出に京大現役合格の次男、2016年１月よりイギリス留学中の長女をもつ２男１女の母でもある。「お金の管理ができる子どもの育て方」をはじめ、様々なセミナーや講座を精力的に開催。全国の子育てに悩むお母さん達にアドバイスを送り続けている。本書は、特に人気の高いお金教育セミナーをベースに、子どもの一生を左右してしまう、お金感覚の育て方をまとめた。著書に『０歳から６歳までの東大に受かる子どもの育て方』（KADOKAWA）、『親も楽しむ「後ラク」子育て』（ハート出版）がある。

母学アカデミー：http://haha-gaku.com/

お金《かね》のこと、
子《こ》どもにきちんと教《おし》えられますか？

2016年２月20日　第１刷

著　　者　河《かわ》　村《むら》　京《きょう》　子《こ》
発 行 者　小 澤 源 太 郎

責任編集　株式会社 プライム涌光
電話　編集部　03(3203)2850

発 行 所　株式会社 青春出版社
東京都新宿区若松町12番１号 〒162-0056
振替番号　00190-7-98602
電話　営業部　03(3207)1916

印　刷　共同印刷　　製　本　大口製本

万一、落丁、乱丁がありました節は、お取りかえします。
ISBN978-4-413-03990-1 C0077